静岡県　名字の由来

渡邉三義

静新新書
003

はじめに

静岡県は東西を貫通する東海道と北に通じる信濃路、甲斐路があり、南は無限に拓けた海の道があり、古より人の往来、移出入が盛んであった。人の移動が多いという事は名字の移動が盛んだった事を意味している。他県に比べて名字の種類が多く、県内の地名より発祥した名字よりも他県発祥の名字が多いのはそのためであろう。

日本の名字の種類は15〜16万種と言われるだけに、調べると際限が無い。特に一名字を静岡県内に限定して歴史的に遡及するとなると、全国を網羅して調べる場合とは全く異なった問題に突き当たり、調査は意外に困難する事が多い。

１９７９年（昭和54）「静岡県名字の話」（静岡新聞社）と題して、主な名字約３５０姓、小事典に約６００姓を掲載し、以後多くの読者のご教示などを加味して主な名字５００姓余、小事典を１０００姓余に増加して「静岡県の名字」（同）を刊行したが、今回、新書版としてその内の３００姓余だけを掲載する事になった。

現代では、名字（姓氏）の事を、姓とか氏とか名字、苗字とか呼んで同列に考えられているが、名字の歴史は極めて古く、姓、氏、名字（苗字）はそれぞれ意義が異なり本来異質のものであり、幾多の変遷を経て全てを総括した今の名字に定着したのである。

現在の名字の中には、大和朝以前よりの古代の氏姓、部曲名や、奈良時代の身分階級を表した制定姓、平安時代に発生した一族を表示する氏、鎌倉時代に居住地、所領地の地名に因んで識別性を強調した名字、更に、名字から派生した派生名字、明治初期に創生した新姓などが包含されている。明治初期、全ての国民が名字（苗字）を称するようになって、名字を根拠とする概念や格差は消滅したが、名字を象徴する家の概念は残存していた。47年（昭和22）、新民法によって戸籍法も改定されて核家族制となり、従来の家は廃止され、家督相続も変わったが、夫婦があり、親があり、先祖の墓を守り続け、名字を受け継ぐ事は変わりがなく、名字に象徴される家は現存している。

名字を大切にする事は祖先を尊崇する事である。本書は、静岡県内の名字の中で、数の上で代表的といえる名字を選んで掲載したが、現存の名字の中の僅か0・3％程度であり、読者の中にはご自身の名字が掲載されていない方も多いと思うが、県民の50％以上はこの中に入っているのでお許し願いたい。市町村名は79年（昭和54年）当時の呼称を使用した。

目次

《あ》

阿部、安倍、安部（あべ）

阿部、安倍、安部は混用され、地名は安倍であるが姓は阿部が多く、県ランク216位。全国では34位という。

駿河には宝亀（770―80）の頃、駿河守阿部朝臣小鳥がある。永禄初期、今川義元家臣に阿部惣右衛門があり、文化14年（1817）幕臣阿部正弘は独力で『駿国雑志』を著した。幕末期、敷知郡摩訶耶（三ヶ日町）出身の阿部三圭は三河国吉田藩医となり蘭方医として名がある。

安倍は安倍郡より起こる。安倍氏は奈良時代から駿河国にあり、安倍朝臣諸上や安倍朝臣浄目は駿河介、安倍朝臣祖足は駿河守とあるからこの後裔ともいわれるが、通説では清和源氏諏訪氏流という。諏訪氏盛が信濃国諏訪郡から安倍山中の井川（静岡市）に来住し代々今川氏に仕え、8代孫、諏訪刑部大輔信真の子、元真が初めて安倍大蔵尉と称し、今川義元、氏真に属して井川を領し、後に徳川家康に臣従する。その子、弥一郎信勝、摂津守信盛父子は家康に仕え、子孫は大名家となった。安倍谷に残った一族の子孫は連綿と続く。

今川家臣には永禄期（1558―70）、安倍を領した安倍城之助、安倍惣右衛門もあり、慶長14年（1619）、徳川幕臣安倍式部は清水御殿（清水市）預かり役となる。安倍左馬助道安は世を捨てて相模大山に登り、明暦3年、小笠郡池新田村（浜岡町）に大山不動尊を開基する。

安藤（あんどう）

安藤姓は全国では72位、県ランクは２０４位。安藤姓の起こりは安部朝任が鳥羽院より藤原姓を賜り、旧姓と合わせて安藤にしたとも、安芸国守護になった藤原氏が国名の安と藤原の藤を取ったともいう。

武田信玄に属した安藤織部佑は永禄12年（１５６９）、庵原郡瀬戸川（静岡市）を知行する。朝任の裔（清和源氏説あり）安藤定正は徳川家康の家臣安藤家定の三男で、初め今川氏真に仕え、後に小田原北條氏に属したが老母に逢うため故郷三河に帰り、徳川家康に仕え、その子孫は旗本となった。定正の従兄帯刀直次は元和3年（１６１７）、掛川城主となり、その子孫は紀伊徳川家の付家老として紀伊田辺3万８８００石を領した。安藤九郎為信の孫、直次郎義隆の後裔は三河門徒衆と共に横須賀村（大須賀町）に移り、元和元年、蓮舟寺を建立し、以来子孫は住職として続くという。

駿東郡竹之下村（小山町）の藤原氏流藤曲氏は応永の頃、南朝方の新田義則を討ち底倉、木賀を与えられ安藤隼人介と改名したという。北條家臣安藤万右衛門は弘治年間（１５５５―５８）、田方郡市山村（天城湯ヶ島町）の成就院を創立する。

幕臣安藤弥兵衛は元和年間、沼津代官、寛永年間、駿府町奉行、駿河代官となる。

安間（あんま、やすま）

県ランク241位。安間はアマとも呼び古代海《あま》氏の末裔ともいうが、通説では橘氏流。遠江の安間氏は長上郡安間村（浜松市）より起こり、先祖は南朝方の楠木正行に従い摂津阿部野合戦で武勇をあらわし、また法蔵流鎗術の始祖といわれる安間了願（正繁か）で、一族の安間弥六、弥一らは山名郡（袋井市）を領す。南北朝期、一族は南朝に尽くしたが戦国期には衰退し、今川氏真の頃、領地を奪われたという。今川義元家臣の安間弥太郎はその子孫か。

駿河の安間氏の先祖安間太郎大夫正繁は、楠木氏に属した南朝の忠臣で橘氏流と伝えられる。正繁11代孫の三右衛門正長は武田信玄に仕え、一族の彦六橘正康は永禄7年（1564）、川中島合戦で上杉方の長谷川元連と一騎討ちして敗れ、その子助大夫正広は武田氏滅亡後、伊豆天城山麓に落ちたが、往年の所縁の地である志太郡野田村（島田市）に来住したという。子孫は代々佐治左衛門を称し庄屋職をつとめた。

磐田郡見付宿（磐田市）の安間氏の祖安間弥平次は初め今川氏に属し、後に徳川家康に仕え平次弥と改名。子孫は代々名主つとめた。遠祖は南朝宗良親王に供奉して遠江に来住した安間七郎という。富士根方御厨（御殿場市か）の安間清右衛門は永禄初期、近藤庸用に仕え、庸用が井伊谷村（引佐町）に入部の時随従して目付役となった。

足立、安達（あだち）

足立姓は県ランク２０９位。足立氏は武蔵国足立郡司武蔵武芝の後裔とも、藤原氏流ともいわれるが、陸奥国安達郡発祥の安達氏と混同される事が多い。鎌倉時代、足立郡の領主安達遠兼の子、足立右馬允遠元は源頼朝から足立郡の地頭に任ぜられて足立と称し、頼朝の有力家人安達藤九郎盛長は遠元の伯父で、居住地の安達を称したという。

山名郡（袋井市）の足立氏は盛長を祖とし、後裔の足立五郎右衛門晴長は大永年間、室町将軍に仕えたが、三河国に移り、後に山名郡久津辺村に住み八幡宮の社人となり、弟の藤太夫義智は兄に遅れて天文11年（１５４２）、久津辺村に来住し加茂明神社の社人となった。晴長の後は原川大和守の次男が足立三郎九郎規長と称し足立氏を継ぐ。文化年間、曽我村（掛川市）の新九郎重長は関流算学者として名があり、幕末期、野口村（浜松市）の内田七郎右衛門の四男東郊は平口村（浜松市）の足立氏を継ぎ名医として知られ、その子は東庭といい、その孫の良斎は幕府医官に抜擢され、後に浜松藩医となり克明館教授も兼ねて多くの人材を育成した。

周智郡平宇村（袋井市）の足立氏は代々孫六を称して名主をつとめ、駿東郡口野村（沼津市）の足立氏は享保期より名主とあり、化政期（１８０４―３０）に格右衛門源延平、無事源春嶋の名がある。

青木（あおき）

県ランクは全国ランクと類似して28位。甲斐の青木氏は巨摩郡青木村より起こり清和源氏武田氏流。戦国期、今川義元家臣に青木小左衛門があり、青木左衛門五郎は高部（袋井市）城主朝比奈信置に招かれ、庵原郡西方（清水市）を給され石切棟梁職を免許され、後に徳川氏の石切奉行となり、子孫は世々石切棟梁職を継ぐという。

丹治氏流で美濃国出身の青木民部少輔一重は今川氏重に仕え、今川氏没落後、掛川に蟄居し後に徳川家康に仕えた。武田家臣青木惣右衛門は江尻城主穴山信君に属し永禄12年（1569）、荻氏が滅びた後の松野郷（富士川町）、宍原（清水市）を充行する。磐田郡於保村（磐田市）の神官青木甲斐満直は文禄、元和の争乱時戦死し、子孫は社家を相続するという。

伊豆の青木氏の祖は北条氏に仕えた石切職といい、三島大社（三島市）の社家青木氏は鎌倉時代より三島流鏑馬奉仕役の筆頭をつとめ、熱海来宮神社の神官家青木氏は卜部氏の支流という。

青島（あおしま）

青島姓は本県特有の姓で県ランク57位。特に藤枝市は市ランク3位。青島氏は清和源氏の末孫で志太郡青島村（藤枝市）に居住して地名を姓とする。青島五郎大夫は文明年間（1469―87）、朝比奈右衛門大夫に属し下青島村の常楽寺を開基。子孫の五郎兵衛長忠は初め今川氏に仕え、永禄後期、武田方駿河先方衆の朝比奈信置に属して平島、大覚寺村（藤枝市）を知行するが、武田氏滅亡後、徳川家康に仕え横須賀衆となる。

永禄初期、今川家臣に青島縫殿助があり、青島長忠の子長宗は大須賀康高に寄食し、後に田中城主水野監物忠善に仕えたが、子孫は郷士となって青島村に定住し代々里長となる。

慶長の頃の先祖青島治右衛門から藤枝宿の本陣を代々務めた青島氏は一族であり、初代治右衛門の弟の定勝は享保の頃、吟詠家として名があり、族裔に寛延3年（1750）、青山八幡宮に和歌を奉納した五郎兵衛庸寿、冶右衛門利記がある。志太郡青木村（藤枝市）は美濃国岩村の浪人青島与大夫が寛文年間に開発したと伝える。

豊田郡山東村（天竜市）の青島平太夫は天正3年（1575）、徳川家康が光明寺城（天竜市）を攻略した時、戦勝祝として栗を献上し、以後、毎年江戸城へ「光明勝栗」を献上したという。

青野（あおの）

青野姓は全国ランク900位近いというが、県ランク240位。大東町は静岡、浜松市についで青野姓が多く町ランク6位。青野氏は三河国額田郡青野村より起こり、松平一族の東條氏の分流という。小笠郡入山瀬村（大東町）の青野文右衛門は永正11年（1514）、駿河国より移住したといい、また青野氏は天正年間の高天神城攻防戦の時、戦火を避けて富士根方に移住し、天正11年（1583）に帰住したと伝えられるが、富士郡入山瀬村（富士市）と関係があるか。子孫は代々、名主をつとめた。天明の頃、榛原郡相川村（大井川町）の青野三右衛門は種油による稲作害虫駆除を発明した。先祖は美濃国青野原の戦い（1336）の落武者で地名の青野を称したという。

青山（あおやま）

青山姓は県ランク223位だが、龍山村では5位。藤原師重が上野国吾妻郡青山郷に住んで青山を称し、後裔の青山忠成の子幸成は寛永10年（1633）、掛川藩主。一族の宗俊は延宝6年（1678）、浜松藩主となり、忠雄、忠重と3代浜松を領した。遠江の青山氏は平治の乱で戦死した須藤俊綱の後裔で天方城（森町）に住んで天方を称したが、天方通秀の10代孫成展が青山に改めたという。南北朝期、龍山村の中日尾城主青山由太夫藤原義親は南朝宗良親王に味方して討死し、子は母と共に白倉（龍山村）に帰農したと伝える。藤枝市の八幡神社神主の青山氏は天正の頃から代々主馬を称す。

赤池（あかいけ）

赤池は県ランク298位。富士宮市が最多で市ランク10位内外。清和源氏流赤池氏は村上頼清の末裔の信濃国住人村上信義が赤池太郎を称したのが始まりという。鎌倉時代、源頼朝の家臣赤池入道は児島、日向氏と共に名馬磨墨の受け取りのため安倍郡栃沢村（静岡市）の米澤家に訪れ、赤沢の地名は村人がその仁徳を慕い名付けたと伝える。天正年間（1573—92）、甲駿の国境の富士郡人穴（富士宮市）の住人赤池善右衛門は、徳川家康の甲斐侵攻の時、兵糧運送役を果たし後年その功により諸役を免除され、子孫は里正となる。

赤堀（あかぼり）

小笠郡と静清地域に多く、小笠、大東町は町ランク2位、県ランクは120位。赤堀氏は秀郷流藤原氏で上野国佐波郡赤堀村より起こり、足利泰綱4代の後裔教綱が居住地名を姓にしたに始まるとも、また宇治川の戦で平家方に属した下野国住人足利忠綱の子忠広が、伊勢国三重郡赤堀村に移住して赤堀太郎と称したともいう。

延暦元年（782）、隠岐国から出た赤堀釜太夫は赤土庄（小笠町）に土着してこの地の支配者となり湯立《くがたち》の儀式を司った。その館跡が釜太夫原といい赤堀一族の集落であったと伝える。また、本県の赤堀氏は、伊勢赤堀氏の流れで工藤氏分流とも伝えられるが、城東郡下土方村（大東町）の赤堀氏は先祖を尾張国の赤岩彦兵衛重光といい、武士をやめて赤堀を称し、その子彦兵衛空春が遠江国に来住したという。『掛川誌稿』によると、戦国時代、遠江36人衆と呼ばれた遠江土豪の中に平川村（小笠町）住人赤堀主膳があり、赤堀大学正信は高天神城（大東町）の小笠原長忠に属し、天正2年（1574）、大手池の段の守将となり武田軍と戦った。延宝の頃、子孫の藤右衛門は榛原郡朝生村（榛原町）に住み如意輪観音石像を建立する。

秋山（あきやま）

秋山姓は県ランク41位、東ほど多く分布する。同流に穐山姓があるが東部に限定されている。秋山氏は清和源氏流で、源義家の弟義光の玄孫光朝が源頼朝に仕え、甲斐国巨摩郡秋山村に住んで秋山を姓としたのに始まる。葉梨郷花倉村（藤枝市）の秋山氏は暦応（１３３８―４２）の頃より続き、慶長（１５９６―１６１４）の頃の五郎右衛門より代々里長と八幡宮神主を兼務し、一族には今川家臣の秋山主水助、定右衛門、重郎左衛門などがある。富士郡重須村（富士宮市）本門寺を貞和３年（１３４７）に造営した時の大施主に秋山式部大夫源宗信があり、大淵村（富士宮市）の秋山氏の祖は武田落人で、天正の頃来住しこの地を開発した。安倍山中（静岡市）の金掘り一族の秋山氏も武田氏の末裔で、今川氏の栄える以前に甲斐国から移住したと伝え代々名主となる。島田の秋山氏は始祖光朝から10代目和時の子太郎右衛門時長の子孫で、祖の時長は３歳の時孤児となり、島田生まれの外祖父関戸播摩守に養育されたが、武田氏に報恩するため成人してから武田信玄に仕える。その子長久は武田氏滅亡後、浪人となり北條氏に仕えたが、天正18年（１５９０）北条氏が滅びたので父祖縁故の島田に帰住したという。長久の子和宜は初代島田代官の長谷川長盛の娘を妻とし、その子長和は島田問屋職を務め、時長から代々、太郎右衛門を名乗り、元禄期の太郎左衛門は島田福泉寺を開基した。駿東郡畑中村（清水町）の秋山氏の祖は天文年間（1532―55）、今川氏に属し、北條氏の興国寺城（沼津市）攻めに功をあらわし、天正の頃は一族の善右衛門と共に北條氏に従う。

伊豆の秋山氏は甲斐秋山氏の同族といい、室町末期、堀越公方足利政知に仕えた秋山新蔵人は忠功の士であったが、北條早雲が政知の子茶々丸を滅ぼす直前、奸臣の讒言《ざんげん》の為に討たれる。田方郡安久村（三島市）の秋山氏は始祖光朝の後裔の秋山伯耆守信友の嗣子となった金丸筑前守虎義の子、与兵衛尉近久を初代とする。近久は武田氏滅亡後、松本村（三島市）に来り次いで安久村に移住する。子孫の文蔵章富南は韮山代官所の江川塾の教授となり、寛政12年（1800）、『豆州志稿』『南海海島志』を著した。重寺村（沼津市）の網元秋山氏の先祖は武田氏に仕えて勘定奉行であったが慶長の頃、甲斐国から駿東郡多比村（沼津市）に来住し、寛永の頃、重寺村に移住したと伝える。

浅井（あさい）

浅井姓は県ランク193位。近江国浅井郡、尾張国浅井庄、三河国浅井村から起こった浅井氏がある。永禄初期、今川義元家臣に浅井小四郎政敏、新十郎があるが、近江の浅井郡を発祥とする藤原氏流の浅井亮政の孫で織田信長に仕えた尾張の浅井新八郎政高の一族である。

政敏は永禄3年（1560）、桶狭間の戦いで主君義元殉じて討死する。天正の頃、藤枝の青山八幡宮の神官であった浅井帯刀は政敏の一族といわれる。

浅野（あさの）

浅野姓は県ランク290位。清和源氏流は土岐判官代源光行が後鳥羽上皇の北面武士となり、弟の左衛門尉光時と共に美濃国浅野村に住んで称したとも、光時が尾張国浅野村に住んだからともいう。藤原氏流は尾張国浅野村より起こり、その子孫は安芸国広島の大名となり、分家に忠臣蔵の浅野内匠頭長矩がある。

永禄12年（1569）、今川氏真家臣の浅野右衛門は薩埵山合戦で横山陣の左備大将。庵原郡小河内村（清水市）の医家浅野氏は西国の大内義隆の後裔といい、源春が浅野氏を継いで三島に開業、以後代々医家を継承し、源春4代孫の東済は小河内村に住み子孫は医業を相続した。

渥美、渥見、厚見（あつみ）

渥美、渥見、厚見は古代姓安曇《あづみ》の末裔ともいわれる。渥美姓は県ランク101位で西部に多く雄踏町は町ランク4位。渥見、厚見姓はきわめて少ない。三河国渥美郷より起こった渥美氏は藤原氏流で、美濃国厚見郡より起こった厚見氏は後に渥美に改めた者もあるというが、村上源氏北畠氏流という。

　今川義元家臣の渥美孫左衛門正浄は今川氏衰亡後、天竜川河畔を開拓して帰農し、その子正清の代から代々里正となり神職を兼ねる。天正（１５７３―９２）の頃、高天神城（大東町）に渥美源五郎勝吉、与五兵衛がある。勝吉は土方村（大東町）を知行し大須賀康高に属して横須賀７人衆の筆頭となり、槍の名人で、天正２年の籠城戦の時は本丸の武者奉行をつとめ驍勇にして「首切り源五」と呼ばれた。三河国の神職渥美義元の弟祐勝は慶長年間、駿府に来り願勝寺を開基する。

天野（あまの）

　天野姓は県ランク68位。発祥地の伊豆は少ないが、一族の栄えた春野町は県ランク２位。天野氏は田方郡天野郷（伊豆長岡町）に住む、遠江権守藤原為憲の後裔の景光が天野藤内と称したに始まる。景光の子民部丞遠景は治承４年（１１８０）、源頼朝が旗上げした時から弟の平内光家らと共に郎党となり、平家追討の功によって文治２年（１１８６）、初代鎮西奉行となるが後に郷里天野郷に帰り、その子孫は遠江、三河、尾張、甲斐、安芸、能登の各地に繁延した。

　遠江の天野氏は遠景４代孫の周防七郎左衛門経顕が山香庄（春野町）に入って今川氏に属し、子孫は以後百数十年間、北遠一帯の豪族となり、元弘（１３３１―３４）の頃、新田義貞が北條高時を鎌倉に攻めた時、経顕、経政父子は新田軍に加わる。経顕の弟景光の子民部少輔政貞は建武年間（1334―36）、初め北朝方足利尊氏に属したが後に南朝方新田義貞に従い、義貞の没後その子義宗、孫顕政に属し南朝に尽くす。経政の子景隆は磐田郡に居住し秋葉山中に築城して南朝宗良親王を守護するが、後に北朝方に味方して遠江守、下野守となる。その孫景政は犬居城（春野町）を築き、以後、子孫は代々犬居（乾）城主となり、今川氏に属して北朝方に味方するが、南北朝中期に入ると天野一族は南、北両朝に分かれ同族で戦うようになる。

景政の二男安芸守景顕は秋葉城に住み、今川範国に属して北朝方となるが、子の民部少輔遠幹、遠貞父子は南朝方に属し、犬居城主天野氏の分家の久頭郷城主（水窪町）天野氏も南朝方に味方する。天文（1532―55）の頃も遠江天野氏一族は二派に分かれて対立し、景顕の曽孫景貞の子孫は分家の小四郎虎景の流れが残る。虎景は今川義元に属し雲名村（天竜市）代官職となり、遺領はその子宮内右衛門藤秀が継ぎ、惣領職の嫡流の安芸守景泰は今川氏に属し犬居3ヵ村を本領とするが、永禄6年（1563）、今川氏に叛きその跡職は庶流の藤秀に与えられた。藤秀の子の犬居城主宮内左衛門景貫は北遠一帯を支配したが永禄12年、徳川家康に敗れてからは武田氏に従い、天正4年（1576）、再び家康に攻められて落城し甲斐国に逃れ、武田氏滅亡後は北條氏に属したが、北條氏も滅亡したので子孫は一族の栄える安芸国福山に移住したり、周智郡内に帰農したという。

駿河天野氏も多くあり、秋葉山峯本院の法印を代々継いだ岡清水（清水市）の天野氏は、景貫の子小四郎景直が武田氏滅亡後、草ヶ谷村に穏棲し、庵原郡西窪（清水市）に守護神秋葉三尺坊大権現を祀って法印となったに始まると伝える。草ヶ谷村（清水市）の天野氏は景直の後裔で、代々名主職をつとめ、志太郡相賀村（島田市）の天野八郎衛門は元禄19年、瑞雲寺を開基、幕臣天野助次郎正景は寛保2年から寛延2年まで島田代官となる。

景顕の子山城守景保の子孫で、後に三河国に移住して松平氏に属した天野氏の後裔の三郎兵衛康景は、徳川家康が駿府で人質の頃から仕え、天正10年（1582）、駿府町奉行となり甲州攻めの時は江尻城（清水市）を守り、後に興国寺城（沼津市）主となるが、代官井出甚助と争い家臣を守るため出奔したという。その子の中に徳川家康の招きを断って伊豆に移住して帰農した者があるという。

伊豆の天野氏は遠景以来、天野庄の地頭職を相伝する。建長（1249―56）の頃、宇久須村（賀茂村）に天野建郎がみえ、顕氏は建武4年、足利尊氏より天野庄地頭職を安堵され、延文年間（1356―61）、地蔵堂村（中伊豆町）の歌之助正忠は原保村（中伊豆町）の妙泉寺を創立する。北條家臣の天野次郎右衛門尉景氏は永禄（1558―70）の頃、船手奉行となり韮山城（韮山町）を守る。天正18年韮山城は豊臣秀吉軍に攻められ開城したので、景氏の妻は一子多宮（後の助右衛門）を連れて安倍山中の井川村（静岡市）に逃れ後に岡部（岡部町）に住み、子孫は永住したという。

新井、荒井（あらい）

新井姓は全国的には88位、埼玉県では1位と多いが、県ランクでは236位。新井、新居、荒井は混用され同流もあり、地名も多い。清和源氏新田氏流は上野国新田郡新井より起こり初め荒井、荒居と称したが、後に新井に改めたという。上野国の新井氏には信濃国の村上源氏流があり、先祖が源頼朝より遠江国新居郷（新居町）を賜り新井城主となり、後裔の新井和泉守義高が上野国勢多郡膳の城代となった。北條家臣の新井伊勢守源貞は小田原から下田への浦伝いの伝馬船役を勤めたがその一族。

武田一族の甲斐の新井下総守一族には金山師があり、戦国期から江戸初期にかけて安倍奥（静岡市）の駿河金山で活躍し、武田氏滅亡後は伊豆金山にも足を入れている。荒井氏は庶流あり、永禄期、今川家臣に荒井新八郎がある。佐野郡の荒井日向守藤原義孝は天正元年（1573）、上野国へ移住したといい、石畑村（掛川市）の庄屋職は代々荒井氏がつとめた。

《い》

伊東（いとう）

伊東姓は県ランク140位、発祥地の伊豆には少ない。伊勢の藤原氏から起った伊藤姓とは本来違うが、伊東を伊藤と書いてある史書は多い。伊東氏は工藤氏流で遠江権守藤原為憲の後裔、工藤維職が伊豆国押領使となって伊東（伊東市）に住み伊東を称したに始まる。

源頼朝が伊豆に挙兵した時、伊東一族は味方したが、最有力者であった伊東祐親だけは平家軍に加わろうとして鯉名浜（下田市）に兵船を浮かべたというから、当時伊東氏は居住地の伊東から南豆一帯に勢力を張り水軍まで擁した伊豆国第一の豪族であったに違いない。流人であった源頼朝は祐親の娘八重との恋が悲恋に終わった後北條時政の娘政子と結婚したが、八重姫と頼朝が結ばれたとしたら伊東一族にとっては以後の歴史が大きく変わったであろう。

伊豆の伊東氏は維職7代孫の祐時が九州日向の地頭職となって建久9年（1198）、日向国に移住し、子孫は江戸時代、日向、飫肥藩主となり、一族の祐清の子孫は備中岡田藩主となる。伊東に残った地頭職の朝高は弘長の頃、日蓮上人に帰依した。南北朝期、左近将監祐茂は南朝方の石塔範茂に従い、正平の頃田中郷（大仁町）の政所職となり、安倍山内大嶋、仙俣（静岡市）を安堵される。貞治2年（1363）、祐家は石塔氏より安倍山内上田村地頭郷司職に補せられ、応永3年（1396）、祐堅は武田氏より安倍山玉河之内を充行されている。

戦国期になると伊豆国は小田原北條氏が掌握するが、伊東祐遠は延徳3年（1491）、北條早雲に従い本郷村（伊東市）を与えられ、再び先祖伝来の地に帰ることができた。九郎三郎政世は北條氏に仕えて伊東地内を領し、九郎五郎は奈古谷（韮山町）を領知する。この系統は祐堅―家祐―祐遠―祐範―祐員―祐尚―政世と続き、北條氏滅亡後、政世は徳川家康に仕え、子孫は旗本となった。

一刀流剣法を編み出した伊東（藤）一刀斎弥五郎景久は出生に諸説あるが、伊東住人の伊東弥左衛門友久の子ともいわれる。一刀斎は越前敦賀城主大谷吉継に仕え、関ヶ原役で吉継が敗死してから下総国に隠居したと伝えられる。

庵原郡西久保（清水市）の鹿島神社祠官伊東氏の先祖の伊東左衛門は源頼朝の家人であったが、伊東からこの地に移住したと伝え、子孫は代々法印を継ぐという。相良の伊東氏は伊豆伊東氏と同族で、工藤氏流相良周頼の子光頼から伊東を称し、後裔の頼堯は伊藤大夫と号したとある。戦国期、今川家臣の左近将監元実は三河国吉田城代となり、若狭守の子武兵衛は織田信長に仕えたが、人を斬ったため尾張国を立ち退いて今川氏真に仕え、永禄12年、掛川天王山で討死した。引佐郡渋川村（引佐町）の伊東氏は伊豆伊東氏より出、応永（1394－1428）の頃、三河国に移り、大永年間（1521－28）子孫の刑部祐雄が来住、その後は長男弥刑部が継ぎ、二男刑部作は宮脇に移住したという。

伊藤（いとう）

伊藤姓は全国で9位といわれ、県ランクは7位。西部では鈴木姓についで2位、佐久間町は町ランク1位。浜松、磐田、浜北市、竜洋町、豊岡村は2位。伊藤姓の発祥は伊勢国の伊と藤原の藤とを組み合わせたと伝えられ、藤原秀郷流伊勢守藤原基景が祖という。ところが史書では工藤氏流伊東氏と混用される。

工藤氏流の相良頼堯は伊藤の統領で伊藤大夫と称したとあり、遠江伊藤氏には相良氏族伊藤氏流があると思われる。永禄初期、今川義元家臣に伊藤左衛門尉があり、元亀2年（1571）、高天神（大東町）小笠原衆に伊藤入道がある。豊田郡深見村（袋井市）の伊藤氏は久野城主久野宗興が伊藤に改め、城東郡大石村（小笠町）の伊藤氏は大阪夏の陣の時、横須賀（大須賀町）城主松平忠次に従って参陣し、戦後名主となり、浜松宿の本陣家にも伊藤氏がある。天正の頃、金指村（引佐町）の芝切人に伊藤又右衛門があり、平松村（豊岡村）、気子島村（豊田町）、葛籠村（川根町）、麁玉村（浜北市）の名主は代々伊藤氏。

駿河では、武田信玄に属した伊藤八左衛門が元亀3年（1572）、賀嶋荘（富士市）を開発、十太夫正長は横割村（富士市）に住み水戸藩の火消物頭となる。

井上（いのうえ）

井上姓は全国では20位に入る大姓だが県ランクは89位。井上氏は信濃国高井郡井上村より起こる清和源氏流や、同流で三河安倍氏の流れをくむ井上氏など諸流ある。

鎌倉期の元暦元年（1184）、信濃発祥の井上頼季4代孫、光盛は駿河蒲原の戦いで討たれる。掃部頭は応永の乱（1399）に戦功をたて、以来今川義元が桶狭間で戦死する永禄3年（1560）まで井上氏は今川家臣であったが、義元戦死後、甲斐国井上郷に落ち武田氏に仕えた。

三河の安倍定吉の側妾が懐胎のまま頼季後裔の三河の井上清宗に嫁し、生まれたのが半右衛門清秀。清宗、清房は横須賀（大須賀町）城主大須賀康高に仕え、清秀の三子重成、正就、政重は共に徳川氏に仕えた。重成は城東郡の内を領し、主計頭正就は幼児より徳川秀忠に仕え「近侍の三臣」とうたわれ、横須賀5万2500石を領し、元和3年、老中に昇進し、その子孫は転封を繰り返した後、河内守正経の時、浜松6万石に入って明治維新を迎えた。筑後守政重は1万3000石の大名となり、子孫は下総高岡藩主となった。

今川家臣の但馬守継隆は天文、永禄の頃、用宗郷代官をつとめ、永禄3年、肥後守直親は今川氏に属し小山城主（吉田町）であったが、後に逆心ありと疑われて掛川城主朝比奈備中守泰朝に討たれた。今川義元家臣井上修理亮貞安の子但馬守憲安は掛川城の朝比奈備中守泰能に属し、のち北條氏政に仕え、その子次郎兵衛憲勝は徳川家康に仕えた。

田方郡湯ヶ島（天城湯ヶ島町）の井上氏は明和年間、四国から来住したという。子孫に井上靖がある。

井口（いぐち）

井口姓は県ランク183位、三ヶ日町では町ランク3位。井口姓は浜松市特有の姓。井口の地名は多く、越中国井口郷発祥は藤原氏流、美濃国井口村より起こるは清和源氏土岐氏流。

三河国井口村発祥の井口氏もある。甲斐井口氏は油川氏分流、相模国井口村発祥は波多野姓という。

戦国期、磐田郡佐久村（天竜市）の井口次郎左衛門は徳川家康に属し遠江天野氏に討たれたと伝えられ、日比沢（三ヶ日町）城主後藤家臣に井口氏がある。

駿東郡上石田村（沼津市）の井口氏の祖は武田旧臣で甲斐国より来住し、井口の姓を変えないことを条件として星野氏の後を継いだという。

大永5年（1525）三島大社惣大工に井口左兵衛介があり、駿東郡伊豆佐野村（裾野市）に正徳4年、大工井口惣左衛門家勝がある。武蔵国豊島郡の井口氏の先祖は伊豆国伊東から出、鎌倉幕府滅亡後移住したと伝える。

井出、井手（いで）

井出と井手は同流であり、全国的にみれば本県特有の姓に入る。井出姓は県ランク115位で東部に多く、井手姓は井出姓に比べると少ない。

富士郡の井出（手）氏の祖は藤原為憲の後裔の二階堂左衛門尉政重といい、政重は富士郡井出郷（富士宮市）に住み、その子藤九郎政種の時、姓を井出（井手）としたと伝えられる。南北朝期、井出庄地頭職の井出弾正忠正親の娘村子は楠正康の室となり、その子が南朝忠臣の正成といい、正親の子弾正少弼正国、正房は富士氏に属し一族は南朝に尽くしたという。

戦国期、一族は富士氏の被官として今川氏に属し、義元、氏真に仕えた井出尾張守、源右衛門、惣左衛門盛重、右京亮、伝左衛門尉、久左衛門、藤九郎正直などがある。右京亮は天文21年（1552）、狩宿（富士宮市）、辻名（富士市）を領し、伝左衛門はこの地を永禄4年（1561）に安堵されるが後に武田氏に属し、天正4年（1576）には武田方駿河先方衆の朝比奈信置より賀島荘（富士市）、方上（焼津市）の地を与えられる。尾張守は長貫、大窪、北原（芝川町）、曲金（静岡市）などの代官職をつとめ、孫の善三郎がその跡を受け継ぐ。正直の子甚助正次（志摩守）は初め今川氏真に仕えたが、後に徳川家康に仕えて井出郷を領し、駿豆両国の代官となり、文禄4年（1595）には駿府町奉行を兼任、慶長14年自刃するまで伊豆国を治めた。自刃した蓮行寺（三島市）は伯父日義上人が開山となり正次が開基したという。狩宿村（富士宮市）の井出氏はその後裔という。正次の弟藤左衛門正俊の子正信は伯父正次に養育され、後に蒲原に住んで徳川家康に仕え伊豆代官となり、その子正勝、正祇父子は駿河国代官となったが、元禄5年（1692）、正基の時改易された。

『寛政譜』では正直―正俊（兄は正次、正次の子を正則）―正信―正勝―正祇―正基と続き、正信は紀伊熊野の鈴木（鱸）氏の出で富士郡井出村に生まれ、伯父正次に養われたので井出を称したとある。井出氏が「稲穂の丸に井桁紋」を使用したのは鈴木氏の「稲穂紋」と井出氏の「井桁紋」とを併合したとみるべきか。『修訂駿河国新風土記』はこれを裏付けるように、井出藤九郎正直は鈴木三郎重行5代孫で、もと伊豆国江梨（沼津市）に住み、後に富士郡井出村に移住し居住地の井出を称したという。また、祖父の正直は今川氏真に仕え永禄12年（1569）、大宮の戦いで重傷を負い戸倉城（清水町）で没すと記している。

『鈴木系図』によると、重家―重勝―重久―重盛―重友―重伝―重遠―重則（井出）―重村―藤兵衛―藤三―正道とあり、重則の兄重晴は今川心省に従って富士に住み、重則は井出を称し、子重村は駿府から富士に帰った。子孫は代々富士郡に住んで井出を称し、重村4代孫の藤九郎正道は今川家老三浦土佐守に属したとある。

遠江の井出氏は藤原良門の末裔で、井伊谷（引佐町）城主井伊弥直の子四郎右衛門直時が井出を称すという。

飯田（いいだ）

飯田姓は県ランク69位。伊豆はくまなく分布し、河津、修善寺、中伊豆の各町は町ランク1桁に入る。信濃国伊那郡飯田発祥は清和源氏伊那氏流、甲斐国西山梨郡飯田より起こるは村上、武田、小笠原氏流、相模国高座郡飯田発祥は藤原氏流。県内では庵原郡高橋村飯田（清水市）を発祥地とする藤原氏流入江氏族の飯田氏がある。鎌倉時代、相模国の豪族飯田五郎家義は駿河入江庄を賜り、相模国からこの地に移住したという。正治2年（1200）、西上する梶原一族を追討した駿河武士団の中に高橋村飯田の住人、飯田五郎家義や同族の太郎の名がみえ、大五郎清重は梶原追討の功により地頭職となった。佐野郡幡羅郷の飯田氏は飯田城主山内氏の一族で、和泉守道悲は徳川家康に属し天正2年（1574）、武田勝頼に攻められて自殺する。新居宿本陣は飯田氏、文化9年、榛原郡初倉庄の平六、佐右衛門は飯津沢神社を再建する。田方郡中狩野村（天城湯ヶ島町）に天文21年（1552）、飯田中務尉泰長の名がある。駿東郡上小林村（裾野市）の飯田氏は鎌倉時代から続き享保19年、飯田基良は経筒碑を建立、韮山代官江川家臣に寛政期、飯田忠晶がある。

飯塚（いいづか）

飯塚姓は中、東部に多く県ランクは118位、全国ランクは160位台という。武蔵国秩父郡飯塚郷より起こる飯塚氏は桓武天皇畠山氏流、下野国佐野郡飯塚村発祥は藤原氏族佐野氏流、甲斐の飯塚氏は清和源氏流の秋山光朝の後裔という。

島田宿の飯塚氏の先祖はもと秋山姓を称し、代々武田氏に仕えたが、初代飯塚太郎右衛門和宣の父、七郎右衛門長久は武田氏滅亡後、北条氏家臣の飯塚七郎右衛門の養子となって飯塚を称した。天正18年（1590）小田原落城後、浪人となって島田に来住し、島田代官長谷川藤兵衛や土地の有力者の置塩孫太夫と姻戚関係を結び、慶長6年から代々問屋として栄えた。榛原郡吉田村（吉田町）に江戸時代、苗字帯刀を許された飯塚氏があり、万治元年（1658）、中泉代官役人に太郎兵衛、佐野郡菅谷村（掛川市）に延宝期、与左衛門がある。田方郡大竹（函南町）の飯塚氏の先祖は武田遺臣で子孫はこの地の名主をつとめた。

池谷（いけや、いけたに、いけのや）
池ヶ谷（いけがや）、池ノ谷（いけのや）

池谷、池ヶ谷、池ノ谷、池野谷は本来同姓であり、池谷は県ランク72位で大井川町は町ランク1位。池ヶ谷は157位、池ノ谷、池野谷は少ない。池谷の読みはイケガヤ、イケタニ、イケノヤ、イケヤの違いがあるから戸惑うことがある。東部では池谷の読みはイケタニとイケヤがほぼ半々であるが、静岡市ではイケガヤが60％、イケヤが25％、イケタニが15％位の比率であり、池ヶ谷は池谷（イケガヤ）の3倍以上もある。

遠江の池谷氏は藤原氏流で、近衛家臣の池谷義顕の子孫という。遠江国に来住した時期は詳かではないが、永享12年（1440）、敷智郡に池谷七郎左衛門尉があり、永禄初期、今川家臣に池谷清兵衛、三郎右衛門尉満重の名がみえ、永禄11年（1568）、安倍郡池ヶ谷（静岡市）城主池ヶ谷友任は武田信玄軍に攻められ落城したという。天正11年（1583）、宗高村（大井川町）の池谷氏初代の清右衛門宗高は三河国出身で池谷氏の養子となり、武田氏、後に徳川家康より代官を仰付けられ、3代目まで代官職をつとめた。この池谷姓は生萱《いけがや》にちなみ家康より賜ったともいう。

建武2年（1335）、池谷二郎正道は二條為冬に従軍し竹の下（小山町）で足利軍と戦い敗れ、この地に隠棲したと伝える。寛文13年、用水路をつくった湯船村（小山町）の市左衛門はその後裔か。田中（藤枝市）藩士池谷歌治の子観海盈進は漢詩人で、徳富蘇峰が絶賛し、沼津千本浜の碑に五言絶句が刻まれている。

池田（いけだ）

池田姓は全国的に多い姓で県ランク37位、榛原町では5〜6位に入る。池田の地名は磐田郡池田庄（豊田町）や有度郡池田郷（静岡市）など各地に多い。奈良時代、吉備氏族の池田君が遠江国守となり、有度郡にも池田君があるから県下では古くからある姓。美濃国池田から起こるは清和源氏土岐氏流や、藤原秀郷の後裔の尾藤氏流もある。

磐田郡池田宿（豊田町）の池田氏は奈良時代の遠江国司豊麻呂の末裔の重次が長久（1040－44）の頃、池田庄司と称し、建暦2年（1212）に没した重家の頃まで池田庄司を世襲したと伝える。池田宿には源平時代、池田長者があり、長者の女熊野は平宗盛に愛され、後に敗残の平重衡が東に下る時慰めたと伝えられる。天正2年（1574）、高天神城（大東町）小笠原衆に属して毛森村（大東町）を領した池田抜平、左内、十内は開城後武田氏に属し、また清右衛門光房もある。江戸後期、笠井村（浜松市）の池田庄三郎勝彦は国学、和歌、俳諧をよくし、庄次郎勝臣は算術にすぐれ、子孫の庄三郎勝道は幕末期、遠州報国隊のスポンサーとなるが、この池田氏は橘氏流と伝えられ楠木氏族という。

有度郡江尻（清水市）の池田氏の先祖は元応（1319－21）の頃、池田九郎依教が池田郷（静岡市）に住み、寛正（１４６０―６６）の頃の右衛門尉は村松村（清水市）の海長寺を建立、永正（１５０４―２１）の頃の彦右衛門尉は同寺の中興開基となり、一族に彦七綱喜もある。子孫の縫殿右衛門尉教永は駿河大納言忠長に仕えたが、忠長の事件後、武士をやめて池田郷に帰農したという。豊臣氏に仕えた池田照利は後に浪人となり、寛永（１６２４―４４）の頃、志太郡岡部に住み、この子孫は母方の手島に改姓したという。

伊豆には、永禄初期、北條家臣伊豆衆の池田氏があり、民部少輔は多田村（韮山町）を知行し、小田原役の時山中城を守り討死し、孫左衛門尉は天正9年（１５８１）、駿東郡大平村（沼津市）を領す。江戸中期、新井村（伊東市）の池田弥兵衛は大綱元で芭蕉門下の俳人として知られる。

石井（いしい）

石井姓は県ランク61位。大部分を伊豆地方が占め伊東市、韮山町は3位、中伊豆町は5位。『武田系図』に源義光の子実光が石井次郎と名乗り伊豆国に住むとある。伊豆の石井氏は清和源氏の流れをくむ石井金吾正包が応徳年間、吉佐美（下田市）に住み、後に石井村（南伊豆町）に移住し、地名はその姓に由来するという。久安年間（１１４５―５１）、八丈島の賊が伊豆に押し寄せた時、多々度浜（下田市）で戦った伊豆豪族の中に石井氏がみえ、子孫は戦国期、北條氏に仕え、永禄12年（１５６９）、蒲原城で討死した石井忠兵衛がある。

田方郡南条村（韮山町）の若宮八幡宮は慶長14年（１６０９）石井淡路守、内匠正、伊予守らが再興し、清兵衛良忠は明暦元年、江間村（伊豆長岡町）に江間堰を開発した。文化の頃、田中藩（藤枝市）の藩儒となった下田出身の石井縄斎耕や韮山の蘭方医石井習斎は伊豆石井氏族という。

源頼朝の家人、石井富左衛門重成は元久2年（１２０５）志太郡大住村（焼津市）に移住し大井神社を創立したと伝える。戦国期、対馬守は初め今川氏に仕え、後に武田氏に属して江尻城主穴山信君に仕え大内村（清水市）に住んだ。

浜松藩青山家臣の石井宇右衛門政春の3人の子、兵右衛門、源蔵、半蔵は協力し28年間かかって元禄14年（１７０１）伊勢国亀山で父の仇を報じた。

石垣（いしがき）

静清地区に密集し県ランク２６９位。石垣氏は紀伊国有田郡石垣より起こる熊野千代包の裔や紀伊国守護で清和源氏畠山氏流、秀郷流藤原宗光の後裔など紀伊国発祥が多い。

宝暦の頃、駿府の商家平野氏に仕えた石垣八助は安倍郡美和村（静岡市）出身で、主家に忠節を尽くして幕府から表彰された。有度郡大里村（静岡市）の石垣治兵衛は二宮尊徳の門下安居院庄七の教えを受け報徳社を設立する。

石上、石神（いしがみ）

石上、石神姓はともに静岡市周辺地域に分布し、石上姓は全国では１３００位台というが県ランクは１７４位、石神姓は２８０位。石上と石神は混用されているが、本来は別流であり、石上氏は大和国石上郷より起こり物部氏族石上朝臣《いそのかみあそみ》の後裔、石神氏は常陸国行方郡石神村発祥の常陸大掾氏流と同国那珂郡石神村より起こる藤原氏族小野崎氏流がある。

駿河の石上氏は神護景雲２年（７６８）、遠江介となった物部氏族の石上朝臣真足の末裔という。石上久左衛門は鎌倉に住んで北条氏に仕えたが、執権北条高時が自害した時自殺し、その子藤左衛門宗顕は駿河羽鳥村（静岡市）に住んでいた伯父石上源左衛門友則を頼って来住したというから、石上氏が羽鳥村に住んだのはその以前。宗顕の三男藤九郎宗高は志太郡篠間郷（川根町）に土着したという。子孫は今川氏に属し、石上万好斎は天文（１５３２—５５）の頃、今川義元に仕え、羽鳥村の名主となる。天明７年の大飢饉の時、藤兵衛長隣は困窮している住民の救済に尽くし、私財を投じて大堀用水を開き藤兵衛新田を開発した。また、一族の笹（篠）間郷石上（川根町）の石上氏は代々今川氏に仕えたが石上城主石上兎角助は後に武田氏に属し、天正２年（１５７４）の高天神城（大東町）の戦では杉浦久蔵を助けたが二俣城救援の時討死、天正７年頃の石上（神）城主は石上志摩守。この兎角助や地名、城名は石神とも書かれている。

大永４年（１５２４）、石上兵部大輔藤原政雄があり、この子孫は代々葉梨郷（藤枝市）

の神主。永禄初期、今川家臣の石上甚兵衛や永禄11年（1568）永源寺を開基した榛原郡坂部村（榛原町）の石上与左衛門があり、天正の頃、徳川家康に滅ぼされた志太郡の石上隼人などがあるが、志太、榛原郡一帯の石上、石神は文字は異なっても同族と思える。

石川（いしかわ）

石河とも書く。石川姓は全国的にも多く、県ランクは18位。数では静岡市が最多であるが富士宮、富士市は市ランク1桁に入り竜洋町は3位。宝亀2年（771）、遠江守に石川朝臣真守、同5年、伊豆守に石川朝臣人麻呂が任じられている。清和源氏流は源義家の孫、源義基が河内国石川郡石川荘に土着して石川を姓としたというが、大和守源頼親の孫石川（河）冠者有光の後裔や駿河国守護職今川国氏の子石川六郎親氏の後胤もある。桓武平氏流石川氏は平貞盛7代孫、石川二郎家幹が祖という。

『富士石川氏史』によると、河内国石川城主の清和源氏流石川武蔵守宗景の子、石川新兵衛宗忠は鎌倉将軍に仕え、建長（1249―56）の頃、富士上方重須郷（富士宮市）や稲河郷（藤枝市）を領して重須郡に移住し日蓮上人に帰依して道念入道日実と号した。その子孫三郎源能忠は日興上人に帰依し永仁6年（1298）、北山本門寺を建立し、弟の七郎左衛門忠繁、子の忠玄、忠貞、忠重、忠繁の子能繁らは北條氏に属して元弘3年（1333）近江国番場で戦死。能忠の長男は式部大輔実忠と称し、その弟俊忠は南朝方に味方して新田氏に属し、建武4年楠一族と共に湊川で討死、実忠の子孫三郎友忠は稲河郷、重須郷惣領職となるが奥州合戦で戦死し、その系統は友忠の弟の孫四郎時忠や友忠の遺子忠泰（実忠の子とも）が継いだという。忠泰の後裔は室町幕府に仕え、天正年間（1573―92）、源左衛門慰久成は重須郷を領し、長子禅左衛門尉久鎰は織田信長、岡部長盛に仕え、次子弥治右衛門、三子三郎左衛門周久は富士郡山宮村（富士宮市）に住むという。

今川範政家臣の石川八郎左衛門は今川基氏の妹婿で、石川日向守は今川親氏の後裔という。戦国期、清水高橋（清水市）の石川氏は今川氏に仕え、高橋城主石川新左衛門康盛は桶狭間の戦で討死したが、その子新次郎通信、新三郎信明兄弟は高橋城を守り、永禄11年（1568）、武田軍と勇戦し、通信の子新之丞信俊は今川氏真に従い掛川城を守備した。富士郡平垣村（富士市）の石川氏は能忠の遠裔、俊寿が弘治の頃移住したとも、時忠の後裔の周久が天正年間に一子を外神村（富士宮市）に残して移住したともいい、後代で代官古郡重政の子三郎兵衛政俊が石川氏を継ぎ、子孫は代々里長をつとめた。蓼原村（富士市）の石川氏も同族で、元祖は元亀の頃、太郎兵衛俊次という。椎路村（沼津市）の石川氏は甲斐国下山の石川一族で、戦国期、江尻城主穴山信君に仕え山宮村に住んだ孫左衛門尉吉次の子孫といい、江戸時代は大工番匠となり富士門徒の各本山の建立に携ったという。また穴山信君家臣の石川与左衛門尉は永禄年間、子の安兵衛と富士郡瓜島村（富士市）に来住して開拓し、安兵衛は本光寺を開基したという。この他、初倉村（島田市）の石川氏の先祖は清和源氏一族で南朝の忠臣石川飛驒守藤純といい、今川義元家臣に庵原郡承元寺（清水市）住人の石川三郎五郎、六郎左衛門、孫三郎などがある。また、天正期、宇津谷（静岡市）の石川忠左衛門は豊臣秀吉の戦勝を祈念して陣羽織を賜り御羽織屋と称し、小泉村（富士宮市）を開発した芝切5人の1人に石川甚左衛門などもある。

今川氏没落後、永禄12年から天正12年まで21年間、掛川城の守将となった徳川家臣の石川日向守家成は三河石川氏で、天正18年には田方郡梅名村（三島市）を領した。幕臣石川又四郎は寛永年間（1624―44）、領地の葉梨村（藤枝市）、三輪村（岡部町）に紀州蜜柑を移植し志太郡柑橘の嚆矢となった。

城東郡高瀬村（大東町）の石川氏は天文期（1532―55）、左近左衛門尉があり、子孫は名主をつとめ、佐野郡伊達方村（掛川市）の石川氏は5代惣太夫政成から大庄屋をつとめ、8代孫の石川依平は江戸後期、歌人、国学者として名がある。

石田（いしだ）

石田姓は全国分布と似て県ランク67位、数では静岡市が多いが湖西市、松崎町は4～6位に入る。相模国大住郡石田郷より起こるは桓武平氏三浦氏流。永禄初期、今川義元家臣に石田万次郎があり、惣七郎、惣右衛門は今川義元に仕え志太郡相賀村（島田市）の白山権現禰宜職を認められ子孫は神主を相続する。袖師（清水市）の石田惣七郎は江尻城主穴山信君に属し、天正8年（1580）庵原河口の塩田を開発した。

那賀郡江奈村（松崎町）の石田氏は北條早雲以来続き、北條家臣石田大貳は天正期、江奈村の小代官となり、慶長の頃の内蔵介から代々名主をつとめた。幕末期の宮大工半兵衛の長男馬之助は小沢雅楽助秀信と改名し、維新動乱時、東山道節度使と称し甲府に入り幕吏に捕えられて斬られる。その弟一仙は沼津の船仙の弟子で、明治期、彫刻師として名がある。

石野（いしの）

石野姓は県ランク235位。南北朝期の建武の頃、十市氏族の中原師良は南朝の成良親王に属し、足利氏を避けて駿河国水上（藤枝市）に住み、その子新九郎良清は山名郡石野村（袋井市）に移住して石野を称した。

良清の後は、師重―重良―師定―正師―師忠―広綱―広重―広安―師弘―広成と続き、新九郎広安から河内守広成まで今川氏に属した。広成は天文5年（1536）今川氏輝没後の家督争いの時、良真方に味方して今川義元と戦い花倉城で討死した。その子広長は徳川家康に仕え、子孫は旗本となる。

佐野郡杉ヶ谷村（掛川市）の石野氏は平氏一族の弥平兵衛宗清の末裔と伝え、その曽孫宗治は弘安3年（1280）、富士の裾野白滝の傍の石野里（富士宮市か）に住み石野弥右衛門と称す。その孫の市右衛門宗信は永和3年（1377）、山口郷杉ヶ谷村に移住し、以後この地に子孫永住し寛永の頃の後裔宗重より大庄屋をつとめたという。

建武2年（1335）、貫名郷（袋井市）に南朝方の石野弥六兵衛があるが、同時代に藤原氏族井伊共保の6代孫で山名領主貫名政直の子六郎直友から出た石野氏もある。天正2年、小笠原長忠に属して高天神城（大東町）に籠城し武田軍と戦った石野藤助があるがどの族裔か。

正徳（1711－16）の頃、有度郡の竜雲院（清水市）に鐘を奉納した甚右衛門広江は、石野村から清水三保へ8人の子を連れて移住した庄右衛門の二男で藤原氏族井伊氏流という。

石橋（いしばし）

石橋姓は県ランク254位。石橋という地名は石の橋、石の柱という意味で各地にある。甲斐国八代郡石橋村発祥の石橋氏は武田氏流、近江国発祥は宇多源氏佐々木氏流。桓武平氏秩父氏流の奥平監物貞昌は今川氏親に属し、その弟禅正久勝が石橋を称す。今川義元家臣の石橋兵部少輔は永禄年間（1558－70）、賤機山城（静岡市）の城主で、子孫は今川氏滅亡後、この付近に土着したという。天正（1573－92）の頃の志太郡藤枝の青山八幡宮神主石橋三左衛門尉は神主石橋氏の祖といい、貞享の頃の子孫に石橋三右衛門、幕末期に主税がある。

石原（いしはら）

石原姓は県ランク135位。三ヶ日町、戸田村はランク1桁内。石原氏の発祥は諸流あるが、甲斐石原氏は甲斐国造《くにのみやつこ》族の三枝守国の子、石原太郎守氏を祖とし、武田重臣となった三枝丹波守守綱は石原丹後守守種の子という。この他、甲斐国には清和源氏流と藤原氏流の石原氏があり、斯波氏流は三河国宝飯郡石原村発祥という。

浜名郡の石原氏の遠祖は源三位頼政の郎党といい、後裔は美濃国に蟄居していた頼政の裔清政を貞和元年（1345）に招き、その家臣になったという。清政は後に佐久城を築き浜名左近大夫と称し浜名氏の祖となる。

今川家臣に甲斐石原氏の流れをくむ石原藤太郎、金兵衛があり、武田家臣の石原守治は花沢城（焼津市）攻めで戦死、五郎作は持舟城（静岡市）を守り討死した。承応の頃、幕臣石原喜右衛門は榛原郡堀之内村（相良町）を支配している。幕末期、幕命により伊豆戸田村でロシヤ軍艦ヘダ号と同型艦君沢型を建造した時の船大工の石原藤蔵は、近代造船技術の草分けとなった。伊豆全域に甲斐武田旧臣の落人伝承があるが、伊豆石原氏は甲斐石原氏の流れか。

磯部、礒部（いそべ）

磯部は昔、礒部、石部とも書かれ、本来同姓であるが、今はイソベ姓のほとんどは磯部と書き、全国では７００位台だが県ランク１４１位。蒲原町特有の姓で町ランク2位に入る。磯部姓は漁業航海を業とする往古の職業部で、この族は伊勢国で繁栄し東海地方に分布する。

　伊勢磯部氏は度会姓神主一族で各地に磯部神社を勧請し、海岸線に沿って繁延した。天平年間の『遠江国浜名郡輸租帳』には敢石部《あえのいそべ》佐理、麻呂、百麻呂がみえ、益頭郡朝夷郷（岡部町）に石部衣万呂があり、遠江国に永観元年（９８３）、大目磯部有本、康永3年（１３４４）、権小目磯部浪満、貞和2年（１３４６）、少目磯部松貞もある。また、大箱根山東福寺の弘安6年（１２８３）の釜銘に伊豆の大工磯部康廣の名があるから古くからあった姓。

　甲斐磯部氏は宇多源氏佐々木氏流、三河磯部氏には清和源氏夏目氏流があるという。

　三河国鈴木氏から出た磯部九郎右衛門重勝は徳川家康に仕え狩宿、別所（引佐郡）を領し、3代孫の源五郎は井伊谷近藤秀用の家老となり、その子仙応は大僧郡に叙せられ祝田村（引佐町）に井堰を築き旱魃《かんばつ》から守った。

市川、市河（いちかわ）

　市川と市河は同族で混用されている。市川姓は県ランク29位。甲斐国市川庄より起こる。安倍郡井河郷（静岡市）の市川氏の先祖は上野国出身の市川真久で、父の代より武田氏に仕え駿河金山衆となり、子孫がこの地に繁延したという。武田旧臣市川治郎左衛門は志太郡伊久美村笹間渡（島田市笹間下か、又は川根町）に落来り、この地を開拓して一村にしたという。庵原郡奥津（清水市）の市川法清は永正年間（１５０４―２１）、日蓮宗耀海寺を開基し、大永4年頃の藤増は連歌師宗長と親交があり、子孫の武兵衛は江尻城主穴山梅雪に仕え、子の十郎右衛門は中村一氏に仕え、その子権右衛門は井伊氏に仕えたが重傷を負って興津に住居したという。この子孫は本陣市川家として栄えた。富士郡大鹿村（芝川町）の市川氏の遠祖は源頼朝家臣の細川左京大夫藤原定久という相模国住人という。定久は安房国市川に配流されて市川と称し、5代孫の右京亮が大鹿村に移住し、子孫の市川右門之介義彰は豊臣秀吉の朝鮮役に従軍したと伝える。

駿東郡大畑村（裾野市）の市河四郎兵衛は甲州武田浪人で、甲斐国三沢村の市河梅林の一族といい、慶長（１５９６―１６１５）の頃この地に来住し、子孫は代々里長となる。永禄初期、今川義元家臣に市川蔵人の名がみえる。

遠江では市川門大夫、門左衛門、伝兵衛は高天神城（大東町）城主小笠原長忠に属し、天正2年（１５７４）開城後は横須賀藩大須賀康高に仕え、豊田郡野辺庄（豊岡村）の市川氏の祖は織田信長家臣の野辺越後守当信の重臣、子孫は豊岡村に住む。足利将軍義満が応永2年（１３９５）三保浜で船遊びし土肥村に漂着した時、従臣の市川喜太郎は大病に罹り没す。その子喜三郎は京都より来て土肥村に永住し、後裔の喜三郎は元亀年間（１５７０―７３）、土肥金山奉行となるが、伊豆西浦代官であった助左衛門の代の慶長年間に発掘は中止となる。寛永年間、西浦を知行した喜三郎はその一族。江戸後期、賀茂郡河津村に生まれた谷澤米蔵は江戸に出て市川団十郎の門に入り、天保14年、歌舞伎役者4代目市川小団次となる。

稲垣（いながき）

稲垣姓は県ランク146位。稲垣氏は三河国発祥で清和源氏流小田重長の後裔。南北朝期、今川範国家臣に稲垣八郎左衛門尉、永禄年間、今川家臣に玄蕃頭、孫八があり、元和年間、井伊谷（引佐町）の近藤石見守秀用の家老に八郎右衛門がある。徳川家康家臣の稲垣平右衛門尉源長茂は天正年間、興国寺（沼津市）、長久保（長泉町）の城主となる。祖は文明年間（1469―87）、伊勢国から三河国牛窪に移住して松平家臣牧野氏に仕える。一族の三河刈屋城主稲垣数馬重宣の孫重光は大阪陣の後に妻子を伴い駿府に住居する。

稲葉（いなば）

稲葉姓は県ランク39位、伊東市、東伊豆、河津町では市町ランク2～3位。稲葉氏の中で美濃国厚見郡稲葉村発祥は河野氏流。承久3年（1221）駿豆国境大平郷（沼津市）の富南城を守衛した稲葉氏は北条家臣か。この大平郷に沼津城主大久保忠佐家臣の稲葉氏が、慶長18年主家廃絶後、浪人して居住したという。駿東郡香貫村（沼津市）の稲葉氏の祖は永享7年（1434）頃、鮎沢庄（小山町）の大庄屋となり慶長17年（1612）、古来通り鮎沢庄大庄屋を安堵されたといい、深良村（裾野市）の稲葉氏は山城国淀藩主稲葉氏の分家という。

稲葉越後守源重勝は稲子村（芝川町）に移住し子孫は佐野姓を称したといい、稲子の地名は「稲葉の子」という意味でつけられたと伝える。

今川家臣に稲葉勝之助があり、富士郡今泉村（富士市）の稲葉但馬守は江尻城主穴山信君の家臣。永禄末期、蒲原若宮神社の社主は甲斐国出身の稲葉左近大夫という。

藤原氏流の長谷川長久は駿河国に住み、その子らは徳川家康に仕え、四男長次の子長安は稲葉を称したというが稲葉郷（藤枝市）に関係があるか。河野氏流の幕臣稲葉主膳通久は元禄10年、田方、君沢郡などを知行。享保年間、三島代官斎藤善六郎の手代に稲葉勝右衛門がある。

今井（いまい）

今井姓は県ランク244位。甲斐国今井村発祥の武田氏流は武田安芸守信満の子、今井兵庫助信泰が祖。相良一族の駿河国住人船越景弘の子、駿河権守遠兼は藤原氏族今井氏の祖という。建仁年間（1201―04）、駿東郡大平郷（沼津市）の開発者3人の中に今井郷左衛門があり、嘉吉3年（1443）頃、子孫に郷右衛門がある。永禄初期、北條家臣の今井源太郎は伊豆江間（伊豆長岡町）を知行し、同族の雅楽助は三島地内を知行したが、武蔵国今井村発祥の児玉党の族という。熱海の今井氏は代々半太夫を名乗り名主本陣をつとめ、享保年間は半太夫義邨といい、子孫の半太夫保忠は天明飢饉の時、救済に尽くす。中世豪族の家系という。

元武田家臣で後に今川義元に属し永禄3年（１５６０）桶狭間で戦死した今井主計は今川義元家臣の今井助九郎の一族か。遠江相良庄の大沢寺住職浄了はもと今井権七郎兼行と称し、川原崎氏と共に天正11年（１５８３）、摂津国から朝比奈村（浜岡町）に来住し大沢寺を開基した。その祖は木曽義仲の郎党今井兼平と伝えられる。幕末期、坂本竜馬の暗殺者といわれる幕臣今井信郎は明治になって初倉村（島田市）に帰農しクリスチャンとなった。

今村（いまむら）

今村姓は県ランク２１４位。今村は新しくできた村という意味を持つので全国にこの地名がある。永正5年（１５０８）、伊東領主今村若狭守は蓮着寺を草創する。元和2年（１６１６）、今村彦兵衛重長が下田奉行となってから伝四郎正長、伝三郎と3代下田港を支配した幕臣今村氏は松平氏に仕えた三河今村氏である。『相良系図』に相良貞頼の子頼而が今村を号したとあり、永禄初期、今川義元家臣に今村左馬助があり、天正2年（１５７４）、今村新之丞は高天神城（大東町）城主小笠原長忠に属し籠城する。井伊谷城（引佐町）城主井伊直満の家老今村藤七郎正実は天正14年直満が今川氏に討たれた時、幼主直親を守って信濃国に落ちた。12年後に井伊谷に帰った直親は家臣の讒言《ざんげん》により今川氏真に殺される。

岩崎（いわさき）

岩崎姓は全国では111位というが県ランクは44位。清水町はランク3位。岩崎氏は甲斐国東八代郡岩崎村より起こり、清和源氏流の武田信義の孫駿河守信隆が祖という。

駿河の岩崎氏は源頼朝の頃、麻機村有永（静岡市）に住むといい、戦国期、十郎左衛門は今川義元に仕え、一族の主馬右衛門直重は安倍郡麻機郷に住み、今川氏没落後の永禄13年（1570）、今川重臣小原肥前守に属して花沢城（焼津市）を守り討死した。子孫は農家となって益頭郡馬場村（焼津市）に永住したといい、付近に岩崎姓が多い。

江戸時代、久能山社家に岩崎氏があり、駿府の富商大鯛屋清兵衛は岩崎梧桐で俳人大島蓼太の門人。駿東郡八幡村（清水町）の八幡神社神官は藤原氏流岩崎氏という。承応の頃、榛原郡堀之内村（川根町）を支配した幕臣岩崎喜兵衛や江戸後期、田中藩（藤枝市）本多氏の家老に岩崎荘司兵衛信義、孫太夫信茂がある。沼津我入道の岩崎氏の伝承は、往昔、日蓮上人の従者として来住したというから甲斐岩崎氏と関係があるか。

岩田（いわた）

岩田姓は県ランク124位、北駿地区に多く小山町では町ランク1位。武蔵国秩父郡岩田村より起こるは武蔵丹党。駿東郡の岩田氏の先祖は建武2年（1335）竹の下戦で足利尊氏軍に敗れた南朝方の新田半右衛門堅秀という。堅秀は敗戦後この地に永住し、天文期（1532―55）の11代半右衛門の頃から岩田に改姓したという。菅沼村（小山町）の岩田惣右衛門、三郎右衛門は永禄13年（1570）、北条氏より諸役を免除されるがその一族か。

岩本（いわもと）

岩本姓は春野町ではランク6位、県ランク149位。藤原氏流入江維政5代孫、原清安が岩本三郎と称し富士郡岩本村（富士市）発祥という。源平争乱の頃、藤原鎌足の末孫、佐藤兵衛憲清らは皇后の伴をして増水の大井川を渡ったが、皇后がこの地で亡くなったので付近の地に居住し、憲清は岩本と改姓し、後に西行と号して旅立ったという伝説が『静浜村誌』に載っている。憲清の子憲久から9代この地と離れ、10代目の岩本三郎左衛門国憲が小杉村（大井川町）に帰り、その子孫は代々この地に住む。国憲の子三左衛門秀憲は徳川家康に仕えて小杉村を賜り、秀憲の子三左衛門義憲は大阪陣には舅の渡辺八郎右衛門の名代《みょうだい》として従軍し、子の九大夫は青島村に帰農。秀憲の弟宗珊は可睡斎（袋井市）の住職となる。国憲7代後の岩本源兵衛常房は享保2年（1717）、田中城主本多氏に仕え数学師範となり、下小杉村を去り、弟源六郎房則が継ぐが子がなく、別家が家号を相続し、以後連綿と続くという。

この他、駿河には藤原氏族の入江維清の末裔、岩本三郎清安の後裔の岩本氏や今川義元家臣の藤左衛門、六郎右衛門信長がある。『田中藩士岩田家譜』では秀憲が通与とあり、この系統を清和源氏武田氏流とし、甲斐国岩下《いわもと》村発祥の岩本氏としている。寛政期、愛鷹山牧（沼津市）の幕府代官岩本石見守正倫は通与の二男正次の玄孫に当たる。

慶長19年（1614）岩本左衛門は周智郡植田村（春野町）に住み、子孫は庄屋をつとめる。北條家臣の岩本氏は天正期、伊豆狩野の代官であったが、駿河衆と呼ばれたので駿河岩本氏の一族であろう。

《う》

宇佐美（うさみ）

宇佐美姓は全国では500位近いというが県ランクは243位。宇佐美の宇佐は宇佐八幡宮、美は神のこと、宇佐美は宇佐神を意味するという。宇佐美氏は田方郡宇佐美庄（伊東市）より起こり、藤原南家工藤狩野氏流で左衛門尉祐茂を祖とし、一族は源頼朝が伊豆に挙兵した時味方し、後に鎌倉家人となり、越後、伊勢、紀伊、阿波などに分流。

『東鑑』にみえる平太政光、平次実政は伊豆の住人大見家政の一族で、大見、宇佐美は並称されるから伊豆宇佐美氏には平氏流もあったと思える。子孫は代々宇佐美庄を領有し、承久の乱（1221）に幕府方に属した宇佐美五郎兵衛、与一は工藤氏流。宮内大輔為成は正平15年（1360）、田方郡浮橋郷（大仁町）の地頭職。子孫の能登守定興は伊豆韮山の堀越公方足利政知に仕え、延徳3年（1491）、北条早雲と戦って討死し、子の祐興も宇佐美城を守って戦うが食糧尽きて自害し、伊豆宇佐美氏は滅亡、代々の領地は北条氏に奪われた。

戦国期、今川義元家臣に宇佐美左京亮があり、富士郡北松野（富士川町）城主荻対馬守の家老の宇佐美源左衛門は藤原氏流。子孫は名主をつとめ、一族に伝兵衛家継がある。

大鹿村（芝川町）の宇佐美氏の先祖の大和守は武田旧臣で天正10年（1582）武田滅亡後この地に住む。山口村（芝川町）の宇佐美氏の祖は近江国宇佐美の谷を開拓して宇佐美を称した三位中将藤原道治といい、曽孫の宇佐美隼人佐秀量、左金吾秀時は伊豆宇佐美村に移住し、秀時は後に庵原郡の蒲原郷に移り、子孫の清兵衛は応保2年（1162）、庵原郡内房村（芝川町）に移り山口村を開発し永住したという。

上田（うえだ）

上田姓は県ランク238位。信濃国小県郡上田より起こるは清和源氏小笠原氏流。甲斐上田氏は甲斐国秋山村より発祥、治承（1177―81）の頃、平家に属した秋山太郎光朝の孫、上田蔵人実定を祖とする清和源氏武田氏流。北駿の藤原氏族大森氏流は葛山二郎惟忠の子三郎景忠が上田殿と号したに始まる。榛原郡の上田九左衛門は宝永3年（1706）、義弟と共に九左衛門新田（吉田町）を開発した。

安政2年、君沢郡戸田村でロシヤ軍艦ヘダ号を建造した時、船大工として活躍した上田寅吉は、のち幕命により長崎海軍伝習所1期生として留学し、後に榎本武揚に従い函館の戦に参加し、明治になって横須賀造船所の初代造船工長となり近代造船技術に貢献した。

植田（うえだ）

植田姓は県ランク143位。相良、浜岡町は町ランク3～4位に入る。古くは殖田と書き紀氏流という。永禄期、駿府に植田喜三郎があり、元亀4年（1573）、駿東郡に植田新次郎がある。浮島ヶ原の開拓者植田三十郎親忠は遠江浪人といい、後に香貫郷（沼津市）に移り、千貫樋工事にも尽力するが、晩年は植田村（沼津市）に帰ったという。寛永年間（1624－44）、香貫村の植田内膳は香貫用水の開発発起人となり、私財を投じて狩野川の水を引き新田開発に尽くした。後世この水路を内膳堀と名付けた。この内膳は三十郎と同一人かともいわれる。城東郡新野村（浜岡町）の植田氏の祖は江戸時代この地の代官をつとめたという。

植松（うえまつ）、上松（うえまつ、あげまつ）

植松姓は県ランク103位。植松姓は信濃諏訪神社に小笠原一族が松を寄進して植えたという由縁で名付けられたと伝えられ、清和源氏小笠原氏流が多い。小笠原遠江守長基の後裔、植松兵庫助信清の子、兵庫助信継は富士郡小泉郷（富士宮市）に住み文治2年（1186）、熱原村（富士市）に移り、用水路を開削して樋を作る。7代孫の喜内清直は今川範国の麾下に属し、以後代々今川氏に属した。清直7代孫の右近助泰清は後に上松右近助と改め、今川義元に仕え小泉郷に住む。その子次大夫吉次は徳川家康に仕え小泉に改姓する。吉次の弟右近清安は今川氏滅亡後は武田氏に属し、さらに家康に仕えて掛樋役となり、その子弥作一直以後、子孫は代々樋代官と呼ばれて同地の用水を管理した。

駿東郡石脇村（裾野市）の植松氏は鎌倉時代、尾張国津島から来住した草分け7家の一と伝えられ、代々名主をつとめ、その住宅は昭和48年、代表的な平地農家として重要文化財に指定された。岡宮村（沼津市）の浅間神社神職は天正年間（1573―92）の九郎左衛門より植松氏が世襲し、原宿（沼津市）の植松氏は菅原道真の末裔と伝え、初代要人正信は戦国期、武田氏に仕え、武田氏滅亡後、一族と共に甲斐国より来住したという。また、武田氏に属した植（上）松四郎兵衛は原宿の芝切人の1人ともいわれ、同族か。子孫は寛文の頃、原一ヶ浦の漁業権を認可され、名主、問屋をつとめた。駿東郡口野村（沼津市）の植松氏は戦国期、東駿の葛山氏に属し、永禄12年（1569）頃から北條氏に従い、右京亮、藤太郎、佐渡守などの名があるが、葛山家臣の植松元信、元俊らと同族であろう。葛山、北條氏滅亡後、子孫はこの地に土着し、獅子浜村（沼津市）の植松氏はその子孫で、慶長年間、七呂衛門尉があり、代々名主をつとめた。

伊豆には文禄年間、三島大社社家に植松治兵衛がある。

上松氏は本来、植松氏とは異流で、信濃国西筑摩郡上松村より起こり、木曽義仲の後裔の家信を元祖とし、アゲマツと訓じる。この一族は遠江にあるという。

臼井（うすい）

碓井に通じる。臼井姓は県ランク228位。下総国印旛郡臼井庄発祥の桓武平氏流は千葉常康が臼井六郎と称し、武蔵の臼井氏は同族という。今川家臣臼井平七郎は千葉氏流で志太郡（島田市）の臼井氏はこの族裔というが、伊豆の臼井氏も海路から来住した千葉氏流であろうか。榛原郡上泉村（大井川町）の臼（碓）井旦松は天保期、藤枝俳諧の中心人物、その子素朴も俳人として名がある。

内田（うちだ）

内田姓は県ランク56位、伊豆長岡町はランク4位。内田姓は古く、奈良時代、城飼郡に物部氏族内田臣があり、また同郡内田郷（菊川町）より起こる藤原氏族相良氏流があるという。遠江国住人、内田三郎家吉は元暦元年、勇婦巴御前と戦い、富士巻狩りに参加した鎌倉武士に遠江住人内田小四郎兄弟がある。相良氏流の相良長頼の子宗頼、頼忠兄弟は承久の乱（1221）に鎌倉幕府方として従軍し、内田郷に住んで内田を称す。勝間田氏流は二階堂駿河守景任より10代後裔の工藤祐将の後を継いだ勝間田遠江守正胤（正利）の子、近江守正貞（正之）を先祖とする。正胤は勝間田村（榛原町）に住んで今川義元に属し、正貞が内田郷を領して内田を名乗った。藤枝の内田氏の先祖は小川孫三と共に徳川家康を伊勢白子浦より三河大崎まで船で送り、後に藤枝に移住し、慶長年間は内田治兵衛、元和の頃は松兵衛という。

伊豆には明応元年（１４９２）松崎村（西伊豆町）に内田六左衛門、天正期、北條家臣で狩野に住んだ内田又兵衛、河津郷に左右衛門がある。

内野（うちの）

内野姓は県ランク２００位、福田町は町ランク6位。志太郡の内野氏の祖は初め山城国内野村に住み内野を称し、中納言藤原兼輔に従って岡部に来住する。天文（１５３２―５５）の頃、子孫の内野兵部は三星寺を開基、花倉今川氏に仕えたが主家没落の時、瀬戸川原で戦死し、子孫はこの地に永住して代々里長をつとめた。慶長年間（１５６９―１６１５）より岡部宿本陣をつとめた内野氏はその一族であろう

内山（うちやま）

内山姓は県ランク53位、細江町は2位、引佐町では5位。浜名郡内山村（新居町）発祥の

内山氏は、戦国期、一族を結集して内山党と称し、堀江城（浜松市）主大沢基胤に属したが、徳川家康と戦って敗れる。関白藤原道長17代の裔、内山民部大輔藤原道義は信濃国佐久郡に内山城を築き、その後裔の宗五郎道春は天文年間（１５３２―５５）、豊田郡大谷村（天竜市）に移住して、この地を開発したという。

子孫は代々名主を世襲し、元文（１７３６―１７４１）の頃、内山美真の子真龍は遠州国学の基礎を築き、その著書『遠江国風土記伝』『地名記』は名高い。

永禄、天正の頃、敷智郡の都築秀綱家臣の内山作兵衛は後に徳川家康に仕え、元和年間、浜松に内山藤左衛門家次、彦根藩祖となった井伊直政家臣に内山十太夫、寛永10年（１６３３）、井伊谷近藤氏の国家老に内山磯右衛門、元禄期の中泉代官に幕臣内山七兵衛永貞などがある。

梅原（うめばら、うめはら）

梅原姓は県ランク１２１位。修善寺町、中伊豆町は1桁ランクに入る。中臣氏流梅原氏は中臣兼平10代の孫政頼が梅原を号したに始まる。伊豆梅原氏は北條家臣の菅原氏流といわれ、応安元年（１３６８）、梅原弥義が足利尊氏に属して伊豆東岸の片瀬村（東伊豆町）に代官となり、応永8年、伊豆国府（三島市）に梅原弥三郎憲宗もある。後裔の杢右衛門は大見郷（中伊豆町）に住み、大見3人衆の1人と呼ばれ、延徳3年（１４９２）、北條早雲が伊豆侵攻の時、旗下となり、北条家臣団の伊豆衆21家に入る。一族に六郎左衛門（梅原入道）や太郎左衛門があり、元和年間、源左衛門は古奈村（伊豆長岡町）の長温寺を開基する。伝説によれば、多田村（韮山町）の住人梅原内膳実政は永正年間（１５０４―２１）、大蛇を射殺したという。実在人物ならば北条家臣であろう。

漆畑（うるしばた）

漆畑姓は県ランク１７９位。駿河特有の姓で遠江、伊豆にはない。『続日本紀』には文武天皇4年（６７６）、漆部造《みやつこ》道麻呂が遠江守に任ぜられたことがみえ、天平の『浜名郡輪租帳』にも漆部牧夫、漆部百足の名がある。漆畑は職業部の漆部と無関係ではないだろう。地名としては駿東郡東沢田漆畑（沼津市）や今川氏親の室寿桂尼が築地円泉寺に寄進した志太郡筑地漆畑（藤枝市）があり発祥地か。

富士郡岩本村（富士市）の永源寺住職、漆畑玄英は天保年間から明治初期まで私塾赤松庵を開いた。

海野（うんの）

海野姓は県ランク43位、静岡市は特に多く市ランク5位。海野氏は信濃国小県郡海野村より起こり、清和源氏滋野氏流で望月、真田氏と同族。源頼朝に仕え弓上手で有名な信濃国住人海野幸氏の後裔で井川村（静岡市）の郷土、海野小太郎善幸は南北朝時代、南朝の宗良親王の幕下となる。子孫は戦国期、今川義元家臣に仕えるが、弥兵衛尉泰頼は武田氏に仕え、井河郷を領して居住した。その子孫兵衛尉元定は海野一族の安倍大蔵元真の聟となり、初め武田氏に仕え後に徳川家康に奉仕し、駿遠信甲4国の材木見分役、金山役を務めた。元定の子弥兵衛元重は井河7ヵ村を支配し、この代から足久保茶（献上茶）の管理者となり、子孫に明治中期の輸出茶功労者の海野孝三郎が出る。元重の兄弟や子等はほとんどが徳川幕臣となったが、二男弥兵衛信典だけは父祖の地井河を支配し、子孫は代々弥兵衛を称し井河村に永住し名主をつとめた。永禄初期、今川義元家臣に海野弥四郎があるが、幸氏の孫助氏の後裔に当たり海野氏の主流という。『駿河記』によると、井河郷岩崎の海野七郎太郎と同郷田代の七郎三郎は兄弟で、共に武田氏に謀られて滅んだというが、海野一族が武田氏から徳川氏に転属する時の悲劇であろう。田代の滝浪姓はこの兄弟の子孫という。この頃、郷島（静岡市）に海野竹千代、次郎兵衛、惣右衛門、石田（静岡市）に海野宗意などの一族があるが、武田、今川の勢力の接点であり、後に徳川勢力下になった井川郷の海野一族の去就はさまざまで、一時期には同族相反した事もあったと思える。

話は遡るが天平勝宝（749―57）の頃の駿河金山勤臣の子孫が改姓して滋野朝臣となり、この氏人が海野と称したというから、海野氏の中にはこの流裔もあり、往古から安倍山中の駿河金山の実権を握っていたのと符号する。それを裏付けるように付近の旧家には海野姓が多い。

天正8年（1580）、北條家臣で駿東郡徳倉城（清水町）城主笠原新六郎が武田氏に降った時、武田家臣海野四郎信重は城主として徳倉に入城し、武田家臣海野幸信の子信昌は天正年間、伊豆稲取村（東伊豆町）に来住し別当となったという。

《え》

遠藤（えんどう）

遠藤姓は全国で39位というが県ランクは21位。富士、富士宮市は市ランク5位以内、修善寺町は2位。遠藤姓の発祥は遠江国の藤原氏であるからとも、遠江守に任じられた藤原氏ともいう。承平（931－38）の頃、民部卿藤原忠文が平将門追討のため坂東に行く途中、遠江国焼風里で産ませた子が遠江守焼風三郎公時と伝えられる。その子為方は遠藤六郎大夫と号し渡辺総官職となって3人の子を連れ摂津国渡辺に移住したが、10人男子があったというから残りの子らは遠江国に残留したと思われ、為方5代孫貞綱の子刑部丞正綱は駿河国に住むとある。僧文覚は俗名を遠藤武者盛遠といい、摂津遠藤氏の出で、承安3年（1173）、伊豆国に流され奈古屋（韮山町）に住み、伊豆配流中の源頼朝に挙兵をすすめた事でも知られる。

藤原為憲の後裔、遠江守維兼は遠藤と称し、弟の時金は遠江工藤氏の祖とあるが、この時金が公時と同一人といわれている。文永11年（1274）、日連上人が身延入山の途次宿泊したという大宮黒田（富士宮市）の遠藤左衛門尉がある。安倍郡遠藤新田（静岡市）を拓いた遠藤伝右衛門正忠の先祖は、藤原秀郷6代孫、足利家綱の後裔の下野守正真で、正真は延元（1336―40）の頃から武田氏に属す。その4代孫の城之助正宅の子、左衛門尉正村は甲斐国大城《おじろ》村に住み、その子伊勢守正綱は天文（1532―55）の頃、武田信玄に仕え、正綱の子伝蔵正忠は天正10年武田氏滅亡の時、主君勝頼の妹於市を連れて成嶋村に逃れ、文禄の頃、安倍郡に移住して遠藤新田を開発した。正忠は後に於市を妻とし、正勝、正全の2子をもうけ、長男の五郎大夫正勝は里長となり子孫は永住して代々名主となり、二男正全は紀伊藩に仕えた。

永禄初期、今川家臣に遠藤左馬之助、天正の頃、富士郡小泉（富士宮市）に芝切5人の1人の遠藤杢之助があり、佐折村（富士宮市）の遠藤氏の祖の半右衛門は源頼朝が富士裾野で巻狩りをした時、芝川海苔を献上。子孫の和泉守の後裔の主水は徳川家康より芝川海苔の独占権を与えられ、安左衛門の代に半野村（富士宮市）に分家し海苔採取の業を継いだ。志太郡市之瀬（藤枝市）の遠藤氏の祖の加賀守政重は、文治（1185―90）の頃、加賀国から来住して白山神社を勧請し、子孫は代々神主をつとめ、寛永（1624―44）の頃は加賀守道政、寛政の頃は式部道雄という。この族裔の倉田（藤枝市）の高根権現社神主の遠藤氏は桓武平氏流という。駿東郡伏見村（清水町）の遠藤氏は慶長14年（1609）頃名主をつとめ、江梨水軍鈴木氏の援助で伏見窪を開拓したが先祖は竹之下戦に敗れた南朝方の浪人と伝えられる。田中藩（藤枝市）本多家臣の遠藤氏は桓武平氏三浦氏流で、慶長7年、宗広が本多正重に仕え、その子甚蔵宗成から代々家老職をつとめ、明治維新時の十郎右衛門胤孝まで18代続くという。

《お》

小笠原（おがさわら）

小笠原姓は全域に分布するが清水市に多く伊豆には少ない。県ランク264位。清和源氏流は豆相甲遠淡5ヵ国を領し信濃国守護職であった小笠原信濃守長清を始祖とし、甲斐国中巨摩郡小笠原村より起こるという。本県では長清の子長経の二男の伊豆守清経が鎌倉時代に伊豆国守護職となり赤沢城（伊東市）に住んだのが最も古い。長清14代孫の貞朝の長男、信濃守長高は信濃深志城を立ち退き遠江馬伏塚城（浅羽町）に移り今川氏に属し、その子左京進春儀は今川氏の命により高天神城（大東町）城主久島（福島）氏を討って高天神城主となった。子の与八郎氏清（氏興）は城東、蓁原、山名、敷智の4郡を領したが、後に今川氏に叛いて徳川家康に従う。その子、与八郎長忠（氏儀）は史上有名な高天神城攻防戦の時の高天神城主で、徳川家康に属し武田氏の大軍を防いだが天正2年（1574）ついに開城、武田氏に降伏して仕え、後に北條氏に属したが天正18年、小田原で討死した。高天神城は小笠原氏の拠城で、天正2年の城兵の中に小笠原姓が19名もある。開城後、城主長忠に従って武田氏に属した者もあるが、大部分は徳川氏に帰属し、子孫は横須賀、紀伊藩士となっている。長高の弟、定政の子兵右衛門広政、左衛門佐広重父子は今川義元に仕え、広重の子安芸守信元は徳川家康に属し、諏訪原城（金谷町）、三枚橋城（沼津市）を守る。

藤原氏流は藤原遠江守為憲の末葉で、堀江左近将監清信の子四郎右衛門信峯は初め今川氏に仕え、小笠原長高一族に準じて小笠原姓を授けられ、子の次右衛門信倫は後に徳川家康に属し横須賀（大須賀町）に住む。信倫の子定信は天正2年、小笠原長忠に属して高天神城を守るが、開城後、徳川氏に帰属、定信の弟正信は慶長19年（1614）、徳川頼宣に付属され城東、榛原郡の内を知行し元和5年頼宣の紀伊転封に随従して同国に移った。正徳元年、小笠原長熙は掛川藩主となり、その孫長恭の代の延享3年陸奥棚倉へ転封した。

小川、小河（おがわ、こがわ）

小川姓は全国的に多く県ランクも51位。田方郡修善寺町は5位。小河は小川と同流だが数は少ない。伊豆国住人には源義経の平家追討に参陣した小川小次郎祐義や、曽我兄弟の仇討の時、名の出た小河三郎がある。また北駿の豪族大森頼忠の娘は小河三郎左衛門の妻、その妹は小河左衛門祐能の母とあるが伊豆国人か。元弘3年（1333）、小川彦七安重は犬居城（春野町）城主天野経顕に従い鎌倉攻めで討死し、永正年間、今川氏親家臣に小川弥三郎があり、永禄年間、今川義元家臣に庵原郡小河内（清水市）の住人、三郎左衛門があり、天正2年、小笠原長忠に属して高天神（大東町）を守備した小川久助などがある。

藤枝白子の小川氏の祖孫三郎は伊勢の人で、徳川家康が本能寺の変を知って急ぎ三河国に帰る時、伊勢白子浦から常滑まで船で送り危難を救った。その後、白子に帰らず妻子を呼び寄せて駿河に移住し、家康が駿府入りした時、藤枝の地を賜った。子孫は代々医家となり、中でも小川玄庵は名がある。この先祖は源三位頼政より小川姓を賜ったと伝える。小田原北條旧臣の小川陣十郎は主家滅亡後、志太郡上新田村（大井川町）に住み、後に移住して大島新田（焼津市）を開発する。宝暦年間の駿府代官小川新右衛門は幕臣。

小栗（おぐり）

小栗姓は県ランク278位。常陸国真壁郡小栗村発祥は桓武平氏常陸大掾氏流で、源平合戦の壇ノ浦で討死した小栗重成の後裔という。子孫の重政、その孫詮重は遠江守となり、詮重の孫満重、助重父子は応永（1394—1428）の頃足利持氏に敗れて逃げ延び三河小栗氏の祖となる。

庵原郡興津洞村（清水市）の小栗耕雲は関ヶ原役に参陣し、華山、仲尊の2子は僧となる。豊田郡恒武村（浜松市）は重成の有縁の地と伝えられ、この地の小栗氏は豪農として栄え、小栗松靄は父の跡を継いで名主職、浜松御用達となるが詩、画人としても知られる。

小澤（おざわ）

小澤姓は県ランク33位、御殿場市、伊豆長岡町、中川根町はランク1桁台。全国では155位という。

延元（1336―40）の頃、伊豆岩坂城主は小澤隼人佐という。田方郡江間村（伊豆長岡町）の小澤氏の祖は武蔵7党の横山秀兼の子小澤五郎で、いつの頃かその子孫が移住したと伝えられる。幕末期、伊豆松崎の彫刻師半兵衛の子、石田馬次郎は甲斐国に移って小澤雅楽助信秀と名乗り、討幕運動に参加して活躍したが違勅の罪により斬首された。

遠江小澤氏は藤原氏族で、佐野郡本郷村（掛川市）の原田城主原左衛門尉永政は今川義忠に攻められ文明15年（1483）没落し、その子八郎英永は小澤氏を名乗って明応年間に民間に降る。子孫は里長をつとめ、幕末期の小澤徳訒庵は医家として名をなす。江戸初期、五明村（掛川市）の草分け人に小澤藤右衛門があるが一族か。武田旧臣小澤勘解由《かげゆ》は寛永年間、北駿の駒門、中山村（御殿場市）を開拓し、子孫は代々名主をつとめ、上青島村（藤枝市）の小澤氏は代々田中藩の大庄屋となり、藤枝の小澤喜作は天保年間、宇治の製茶技術を導入しその発展に尽くした。

小田（おだ）

小田姓は県ランク２３７位。信濃の小田氏は清和源氏流で、小笠原信濃守長清の子清家が甲斐国山梨郡小田谷に住み小田太郎と称したに始まるとも、伊那太郎為扶の孫実信が小田氏の祖ともいう。志太郡市部村（藤枝市）の小田市郎兵衛は大永3年（１５２３）、養命寺を開基。榛原郡相良村の小田氏は江戸中期から海運業を営み栄えた。

小野（おの）

小野姓は県ランク94位。小野氏は遣隋使妹子が近江国滋賀小野村に住んで小野を称したに始まり、その子孫は全国に繁延した。天平12年（７４０）、小野朝臣東人が伊豆国下小野（賀茂郡）に流され、磐田郡尾野村（浜北市）には遣唐使となった小野篁《たかむら》の屋敷跡があり、子孫の小野正了がいたという。建久の頃、駿東郡木瀬川村（沼津市）に小野長者があり、当主政久の娘亀姫は曽我兄弟が富士の裾野で父の仇の工藤祐経を討った時、桃沢の淵に投身自殺したという哀話が残っている。建武2年（１３３５）、二城為冬卿に従軍し足利軍と竹之下（小山町）で戦って敗れた南朝軍の小野四郎元信はこの地に隠遁したという。永禄初期、今川家臣に小野新十郎があり、小野朝右衛門尉高寛は慶長年間、有度郡大和田村（静岡市）に土着し徳川家康に仕えた。その母於通は淀君の侍女となり博学多才で書画もよくしたという。

小野大膳亮は北條早雲に仕え伊豆国日向（修善寺町）に領地をもったが永正の頃、鎌倉で討死した。この先祖は上野国住人田部井忠繁の子義泰で、甲斐国八代郡穂坂郷小野に移住して武田氏に属し小野を称したという。幕末期、田中（藤枝市）藩士小野清右衛門鬼命は砲馬槍弓の武術に秀で直心影流剣術の達人と名がある。子鵞堂は書家として名をなし、四男成鵞は父の跡を継ぎ、代々名主を務めた。

井伊谷（引佐町）城主井伊直満の重臣小野和泉守は主君と対立し、このため直満は今川義元に殺害される。その子但馬守道好は直満の子直親に仕えるが、今川氏に讒言《ざんげん》し直親も討たれ、道好は後に徳川氏により殺害された。一族の小野玄蕃、源吾は直親の甥直盛に仕え、永禄3年（1560）桶狭間の戦で討死、玄之助朝之は直親の子直政に仕えた。横須賀村（大須賀町）の小野氏の先祖六右衛門は領主の転封に従って三河国から移住したといい、下朝比奈村（浜岡町）、三倉村（森町）の小野氏は代々名主を務めた。

小野田（おのだ）

小野田姓は県ランク148位。可美村は5位。清和源氏佐竹氏流は源頼朝家臣の佐竹秀義の後裔、貞義が駿河守、遠江守となり、その子駿河守師義の子孫が小野田を称し、藤原氏族安達流は下野国掾国重の子小野田三郎兼広の後裔。遠江の小野田氏は、藤原氏族二階堂氏流の遠江住人石谷政信の子為一が小野田小一郎と称したに始まる。永禄初期、今川家臣の小野田与三郎は大日村（袋井市）に住み、宇刈7騎と呼ばれた小野田助左衛門尉や牛頭天王社神官の小野田求馬があり、子孫は名主を務めた。また、江間加賀守時成の家臣に彦右衛門もあり、高塚村（可美村）の五郎兵衛久繁は白隠禅師と親交があり、宝暦年間（1751－64）、旅人に麦飯を施し麦飯長者と呼ばれた。寛政、文化年間、中泉、駿府代官に三郎右衛門信利もある。遠江小野田氏は小野田村（浜北市）とは関係があるかも知れない。

尾崎（おざき）

尾崎姓は平均的に分布し、県ランク210位。尾崎氏は相模国や武蔵国の尾崎村が発祥という。

清和源氏流今川貞世の子貞兼も尾崎を称した。浜名郡の尾崎氏は貞兼の後裔で、天正2年（1574）、高天神城（大東町）の大須賀衆に尾崎九右衛門がある。甲斐の尾崎氏は毛利元就に属した備中の豪族尾崎重房の末裔で、尾張藩主義直に仕えた庄八郎成長の子孫といい、この流れは清和源氏里見氏流という。

大石（おおいし）

大石姓は県ランク11位、榛原、吉田町では町ランク1位、天竜、島田市は2位と多いが全国的には少ない姓。保元の乱（1156）に敗れ常陸国に流された藤原教長は、赦されて帰京する途次、駿河国大石原（富士郡か）に居住して大石を姓とし、その子左衛門尉頼親は千頭村（本川根町）に移住したと伝えられる。建武の頃、子孫の千頭城主大石左衛門尉信親は南朝方に属したが、敗れてこの地に隠棲したという。信親の孫左衛門左衛門大夫是親の時、南朝方の楠木正行の子池田太郎正佐、兵衛宗親父子が千頭に来り、宗親は是親の娘を娶って大石氏を継いだと伝える。宗親の時、大井川河口に大船を持ち吉田海賊と呼ばれ、八幡船の旗を立てて南支那海まで航海したという。富士浅間神社大宮司家で富士昌尊の子義只は大石蔵人と名乗ったが、富士氏は南朝方に属していたから、千頭の大石氏と無関係ではあるまい。大石三河守は室町期、足利持氏に仕えて主君に殉じ、その子右衛門は母が今川範忠の妹であったので駿河に落ち来り富士郡今泉村（富士市）を領し、子孫は代々今川氏に寄食した。その子外記氏久は今川氏真に仕えて駿河山西、瀬戸、青島村などを知行し、今川氏没落後、一族の大石氏新九郎らと高天神城（大東町）の小笠原長忠に属し天正2年（1574）武田軍と戦って討死する。氏久の子新次郎久末は高天神落城後、小笠郡大坂村（大東町）に落ち報地村を開拓して大庄屋となり、本間義氏の名跡の絶えるのを惜しんで養子を本間惣兵衛清光と名乗らせ、以後、大石と本間を一代置きに名乗り大庄屋として続いた。また鷲山清兵衛高全も高天神落城後、大石村（小笠町）に住居して大石に改姓、後に番生寺村（金谷町）を開拓したと伝えられる。

この他、戦国期に名の出る大石氏には、今川義元家臣の大石金四郎、源四郎、内蔵之助や天野景泰家臣の新三郎、武田方駿河先方衆で蒲原城攻めに参戦した右衛門、四万之介、甲斐国より移住し柿島（静岡市）の朝倉氏に滅ぼされたという安倍郡油野（静岡市）の五郎右衛門などがあるが、いずれも同族であろう。別流には天文11年（１５４２）、賀茂郡岩科村（松崎町）を領した北條家臣の桓武平氏流大石金吾、その子盛信や天正の頃、獅子浜城（沼津市）を守備した北條家臣で清和源氏木曽氏流という大石越後守直久がある。

江戸時代には、寛永年間（１６２４―４４）に新田開発した榛原郡吉永村（大井川町）の利右衛門、川崎村の飯室乃神社神官の左近大夫、下青島村（藤枝市）の八幡宮神官、相賀村（島田市）の昌光寺を開基した治右衛門、弥左衛門新田（藤枝市）を開拓した弥左衛門、中島村（福田町）の稲荷神宮神官の左膳清秀、石神村（天竜市）や神戸村（吉田町）の名主大石氏など各地にある。

大川、大河（おおかわ）

大川姓は県ランク91位、天城湯ヶ島町は2位。大河姓は沼津市特有。『武家系図』に大川、藤姓、河津庶流、紋抱鈎《だきかぎ》とある。応徳元年（１０８４）、賀茂郡吉佐美村（下田市）に大川源蔵が来住したと伝え、戦国期、伊豆西浦（沼津市か）の土豪大河（川）神左衛門尉は北條氏より狩野山桧奉行を命じられ、天正年間（１５７３―９２）、大川伊賀守は加納村（南伊豆町）の代官となる。西浦長浜（沼津市）の大川氏は北條水軍で、先祖は児玉四郎太郎入道という。元亨の頃、長浜を知行して住み大川四郎左衛門と称し、その子若狭、その嫡子兵庫助は北條水軍の根拠地長浜城主となり、天正18年、北條氏滅亡後は土着し、子孫は漁業経営に尽くした。永禄期の一族に喜平次、内記、隼人などの名がみえる。駿東郡長沢村（清水町）の大川氏もこの一族で北條氏滅亡後、代々この地に土着したという。

大木（おおき）

大木姓は沼津、清水市に多く県ランク186位。甲斐国西郡大木郷発祥は清和源氏義光流とも、甲斐国造《くにのみやつこ》の三枝氏族ともいう。『寛政譜』によれば太宰大貳に任じられ、後に甲斐国在庁官となった三枝守国の後裔で武田氏に仕えた三枝神四郎親実の6代孫、佐渡守親光が武田信虎に仕え、大木郷に住んで姓としたとある。清和源氏流は今川国氏の三男、四郎政氏の子又太郎政義が甲斐国巨摩郡黒沢村大木に住み大木又太郎と称し、その孫を佐渡守親氏、その後因幡守親吉、外記親紀と続く。小田原北條家臣に大木頼母之助、主馬之助父子があり、元文（1736―41）の頃、熱海の湯戸に大木氏がみえ、駿東郡江浦村（沼津市）の大木氏の祖は武田旧臣と言い伝えられる。

大久保（おおくぼ）

大久保姓は県ランク286位。藤原氏族宇都宮氏流は三河国住人の大久保五郎左衛門忠茂が祖。一説では富士浅間神社大宮司富士義勝の後裔忠成が、三河国大久保村に住んで大久保を称し、その4代孫が忠茂ともいう。島田宿の大久保氏の祖、大久保新助は今川氏に仕え、一族の大久保新右衛門は徳川家康に仕え、後に横須賀（大須賀町）城主大須賀忠政に仕えたが訳あって辞任し島田宿に住み、寛永10年（1633）より本陣をつとめた。

甲斐武田氏に属し後に徳川家康に仕えた大久保長安は、甲駿金山から佐渡金山の奉行として敏腕を振るい、天正（1573—92）の頃、伊豆金山奉行となった。慶長の頃、沼津城主大久保治左衛門忠佐は三河の出で、小田原藩主大久保忠世の弟であり、将軍の御意見番といわれた彦左衛門忠教の兄だが、後嗣がなく一代で断絶した。慶安の乱の時の駿府城代は忠茂の三男忠員の孫の大久保玄蕃頭忠成。幕末期、駿府町奉行となった大久保忠寛（一翁）は旧幕臣で、勝海舟と共に江戸城無血開城に尽くし、明治4年静岡県参事、翌年東京府知事となる。見付宿（磐田市）の淡海国玉神社神主家は代々大久保氏で、幕末期の忠尚は遠州報国隊を組織し明治期に海軍主計大監、その子春野は陸軍大将、靖国神社初代宮司となる。

大澤（おおさわ）

大澤姓は西部に広く分布するが清水市が最多、県ランク190位。遠江の大澤氏は関白藤原道長の末裔で、子孫の左中将基長の孫基秀は貞治年間（1362—68）、堀江城（浜松市）に居住し、その子基久が父祖代々丹波国多紀郡大澤を領したのにちなんで大澤を姓としたという。基久6代孫の左衛門佐基房は今川氏親に服属、その孫の左衛門佐基胤は今川氏真に属したが永禄12年（1569）徳川家康に仕え、堀江城を安堵される。孫基重は徳川秀忠に仕え敷地郡の内2550石を領し、子基将より代々高家となり、明治維新後、堀江藩主1万石となる。見付宿（磐田市）の医家大澤氏の先祖は美濃国から来住したといい、快庵の子初代玄竜潜は宝暦元年（1751）吉田に移住し、子孫は医業を継承する。3代玄竜の養子寛は陸軍軍医総監、嗣子謙二は東京帝大医科大学長となった。

宝永年間に庵原郡嶺村（清水市）や志太郡井口村（島田市）に大澤氏がみえ、榛原郡坂部村（榛原町）の大澤庄八は寛保元年（1741）、見性寺を建立する。一族の大澤権右衛門は御前崎村に住み、明和3年（1766）薩摩藩船豊徳丸が遠州灘で難破した時これを助け、その功により甘諸の種芋を賜り栽培を教わる。後に甘諸の培養をひろめ「甘藷爺」と讃えられた。

大島、大嶋（おおしま）

大島姓は沼津市が全数の40%を占め、県ランク232位。大島、大嶋は同姓。大島氏は信濃国伊那郡大島村より清和源氏片切氏流が起こり、甲斐国八代郡大島村発祥は清和源氏島氏流、美濃国安八郡大島村より新田、山本、土岐の各氏流が発祥する。武田家臣の大嶋五郎左衛門長利は片切氏流という。元禄4年（1691）から同7年、駿府大手組に新田氏流大島光俊の後裔の大島雲四郎があり、天和年間、庵原郡小金村（蒲原町）に伝左衛門がある。

大滝（おおたき）

大滝姓は清水市に集中している。県ランク245位。信濃国水内郡大滝村より起こるは清和源氏義家流といい、泉氏流の水内郡尾崎城主大滝氏も同族という。元亀3年（1572）、武田信玄家臣の大滝宮内左衛門尉は賀島荘（富士市）を賜る。庵原郡今宿村（由比町）の大滝竜興は幕末期に寺小屋を開き、子弟の教育に尽くした。

大竹、大嶽（おおたけ）

大竹は大嶽、大岳に通じ、大竹姓は県ランク275位、全国では170位という。大嶽、大岳姓は沼津市特有の姓で、大岳が多い。源氏流とも平氏流ともいう大竹彦左衛門久村は、はじめ伊豆国に住んだが大永（1521―28）の頃、三河国に移住して松平親忠に仕え、子孫は徳川氏に仕えて旗本となる。城東郡西大淵村（大須賀町）の大竹氏は寛政9年（1797）、山城国清水寺より十一面観音を勧請、福田村（福田町）の大竹氏は代々庄屋をつとめ、幕末期の清兵衛晴笠は俳諧人として名がある。

大嶽氏は武蔵国足立郡大嶽村より起こり、藤原良方が相模国守護となって糟谷庄に住み、後裔の城所盛員の子有政が大嶽五郎と称したに始まり、大竹とも書く。小笠原安芸守信元の家臣の大嶽弥吉は天正10年（1582）、三枚橋城（沼津市）の加勢に赴き北條軍と戦って戦死する。

大塚（おおつか）

大塚姓は県ランク80位。島田、藤枝市は市ランク10位内。下野国大塚村より起こるは藤原氏流。この他常陸、尾張、美濃国の大塚村発祥など諸流ある。永禄（1558―70）の頃、今川氏に仕えた横川雲奈（天竜市）代官に大塚越後守があり、今川旧臣大塚兵右衛門は武田氏に属した岡部正綱に仕えた。藤枝宿の大塚氏は藤原氏流で、先祖は信濃村上家の老職をつとめ、村上氏が滅亡した正隆の時藤枝に来住し、寛文年間から醸造業を営んだ。子孫は代々、文画歌に秀で、中でも画人正儀（亀石）とその妻の歌人典（物外）は化政期に名をあらわし、その子正弘（荷渓）も画詩書に長じた。佐野郡平島村（掛川市）の大塚氏はこの地の草分けで子孫は名主、豊岡村（竜洋町）の大塚氏は代々神主家として続く。

大庭、大場（おおば、だいば）

大場姓は県ランク137位、袋井市、森町は市町ランク4～6位。大庭姓は竜洋町、裾野市で4～6位、県ランクは153位だが全国では1000位に近い。大庭と大場は混用され、桓武平氏流大庭氏は鎌倉権五郎景政の孫、景忠が相模国高座郡大庭村に住んで姓とした。駿東郡深良村（裾野市）の大庭氏は戦国時代以前より住み、その祖は景忠の子三郎景親という。永禄（１５５８―７０）年間、後裔の大庭但馬は武田氏に属し、子孫は代々名主をつとめ、源之丞繁成は寛文10年（１６７０）、江戸の友野與右衛門らと共同して深良用水工事を完成した。

治承年間（１１７７―８１）、大庭左衛門重勝が原に改姓、その孫は佐野郡吉岡村（掛川市）に住み大庭（場）に復姓したといい、子孫は名主を世襲する。

豊田郡小山村（袋井市）の大場氏は代々名主をつとめ、九左衛門は自ら生埋めとなり用水開発に献身した。豊田郡中泉郷（磐田市）の府八幡宮の神官家大場氏は藤原氏流という。掛川大場氏は桓武平氏の後裔権守景宗の末流で、相模国大場村に住んだので大場を称したというが、大庭氏と同流であろう。伊豆の大場氏は田方郡大場《だいば》村（三島市）より起こり、大場十郎近郷は承久の乱（１２２１）で戦功をたて下総国青砥《あおと》村を賜った。川に落とした銭10文を50文使って捜させたという青砥藤綱はこの子孫という。

大野（おおの）

大野姓は県ランク１６５位だが、全国では66位という。室町末期、武蔵国の清和源氏流斯波義教の子三河守義高は伊豆堀越公方の足利政知に仕えて大野式部大輔政家と名乗り、その子和泉守正敏は明応9年（１５００）、北條早雲に滅ぼされた堀越公方の仇を討つため上杉氏に助力を請うて戦ったが敗れ、武蔵国に逃れ住む。浜名郡の佐久城主浜名左近大夫清政の家臣大野氏の先祖は源三位頼政の郎党で、後裔の源左衛門頼好は近藤氏に仕えて大谷代官をつとめ、その子三郎左衛門頼甚は文化元年『浜名記』を完成。天正年間、駿府商人に大野衛門親重がある。

大橋（おおはし）

大橋姓は県ランク60位、豊田町は町ランク2位。三河、尾張の大橋氏は桓武平氏流で源頼朝家人の肥後大橋城主大橋左衛門尉貞経の後裔という。志太郡伊久美郷（島田市）に永禄（1558―70）の頃、大橋源太という富豪があり、また昔、草原だった駿東郡原一本松（沼津市）を元和年間（1615―24）に開拓したのは遠江出身の大橋五郎左衛門と伝えられる。大橋良左衛門は永禄2年、王子社を西田村（袋井市）に勧請した。今川家臣渥美孫左衛門正浄は今川氏滅亡後、井通村（豊田町）に帰農し大橋を称し、子孫正清より代々里正と神職を兼ねるという。江戸中期、安倍郡松富村（静岡市）に住んだ大橋市郎左衛門定治の祖は北條氏に仕え、のち徳川家康に属したが、定治は後に郷土となり織物の染色に従事したという。

大畑、大畠（おおはた）

大畑姓は全国1000位以下だが県ランクは192位。大畑、大畠、大幡は通じ用いられ、紀伊大畑氏は日高郡亀山城主湯川直光の後裔、甲斐大幡氏は都留郡大幡村より発祥し武田氏流。今川義元家臣の大畠藤七は天文21年（1552）、江富郷（大井川町）の領地を安堵され新田を開発する。寛文7年（1667）、大畑五郎右衛門、作右衛門は善左衛門新田（大井川町）を開拓した。

大村（おおむら）

大村姓は全国では多くないが県ランクは64位、富士市が特に多く60％を占める。南北朝期、今川範氏家臣に大村六郎左衛門尉がある。安倍郡俵沢村（静岡市）は宝徳年間（1449−52）、藤原氏流の大村氏が開発し、子孫の彦六郎家重は梅ヶ島（静岡市）に住み、永禄年間、今川氏真に属したが後武田氏に従い、子孫は名主となる。今川義元家臣に大村惣右衛門があり、元禄年間（1688−1704）の島田宿問屋、惣左衛門の先祖は武田遺臣という。宝暦の頃、新田開発した安倍山中井宮村（静岡市）里長の大村與市右衛門、駿府浅間神社神職の大村氏もあり、享和年間の富士郡入山瀬村（富士市）の名主の大村民助致盈は藤原氏流という。

遠江の大村氏の祖は藤原氏流の肥前大村氏の分流で、応永の乱（1399）後、榛原郡初倉村（島田市）に来住したという。城東郡の住人大村弥十郎、弥兵衛は今川氏に属したが、永禄12年（1569）、徳川家康に仕え、小池、吉永村（大井川町）などを領し、千頭村（本川根町）の住人七兵衛は官林管理の御林守をつとめた。今川家臣の惣右衛門や、高天神城（大東町）の弥兵衛はこの一族。慶安年間（1648―52）、刀鍛冶として名をなした大村加卜は安倍郡長田村（静岡市）に生まれ、本姓森氏で母方の姓を称し初めは外科医だったという。大村加卜の名は森の字を分解してつけたともいう。

三島明神社筆頭社家の大村氏は奈良時代より続くといい、文禄年間（1592―96）は大村刑部大夫。大場村（三島市）の大村氏は代々酒造業を営む。先祖は薩摩藩士大村武右衛門といい、元和年間の中祖を仁右衛門定治といい、幕末時の大村和翁の代に伊豆第1の富豪となる。

太田、大田（おおた）

太田姓は県ランク22位の大姓、磐田、天竜、浜北市は市ランク2～6位。天平期（729―49）、周智郡に太田君がある。清和源氏流は源三位頼政の子伊豆守仲綱を祖とし、「七重八重花は咲けども山吹の　実の一つだになきぞ悲しき」の歌の話で知られる太田道灌資長は丹波国太田郷を発祥とする清和源氏流。子孫の新六郎重正は徳川家康に仕え、その子摂津守資宗、資次2代は浜松城主となり、孫の資直は田中城主、資直の孫資俊は延享3年（174

6）掛川城主となり、以後明治まで7代掛川藩主として続き、6代資功は老中職をつとめた。日坂（掛川市）脇本陣の太田氏の祖は関ヶ原戦で深手を負い日坂に永住したという。周智郡小国神社（森町）神官太田氏は6老の1人。

駿河の太田氏は工藤氏族の入江家清が太田太夫と号し、また奥州藤原一族の藤原師衡は太田を称し、文治5年（1189）、有度郡三沢浦（清水市）に配流され、その子兼衡は駿河の久能勝重の娘を妻とし、建久3年（1192）三沢、矢部、松村、三保（清水市）を領知し、子の太田主殿頭《たのものかみ》宗忠、忠種父子は駿河に住んで代々御穂神社神官となる。天正の頃、一族の喜八郎、喜三郎らは武田氏に属し、江尻（清水市）の武田水軍となり、幕末期、駿州赤心隊を組織した太田健太郎が出た。清水太田氏の分流と思われる北條水軍の太田氏は賀茂郡に住み、天文元年（1532）太田持広は城東村（東伊豆町）の自性院を開基し、永禄11年（1568）、北條水軍と共に武田水軍と戦うべく伊豆妻良《めら》、子浦から三保に向かって出撃している。

永禄の頃、吉原（富士市）住人に太田四郎兵衛、今川家臣に兵部少輔、天正期、駿府の貿易商人に四郎左衛門盛永があり、慶長の頃の治左衛門は山田長政がシャム国（タイ）に渡航する時助力した。また駿河窯元の太田七郎右衛門は徳川家康に盃を献上、賎機焼の賞号をもらい御用窯をつとめた。

太田氏は清和源氏流今川国氏の子政氏が太田四郎と称し、宝徳4年（1452）、蒲御厨長田郷（浜松市）の公文職に大田彦左衛門があり、永禄4年（1561）今川氏真に属した大田彦十郎は長下郡大柳村（浜松市）を充行す。

岡田（おかだ）

岡田姓は県ランク96位。全国では30位。信濃国筑摩郡岡田村発祥の清和源氏流は、源義光の子親義が岡田冠者と称したに始まる。常陸国岡田郷より起こるは清和源氏佐竹氏流、下総国岡田郷発祥は桓武平氏流。慶長6年（1601）、岡田郷右衛門は初代遠江代官となり、藤原氏流の、榛原郡相良村の外科医岡田元庵正俊は寛永2年、駿河大納言忠長の侍医となる。

小笠郡倉真村（掛川市）の岡田氏は元禄年間に三河国から移住し、代々庄屋をつとめた富豪。子孫は代々傑物を輩出し、無息軒と号した岡田左平治清忠の子良一郎は佐野、城東の郡長、衆議院議員をつとめた。その長男良平は京都帝国大学総長、文部大臣。二男の一木喜徳郎は文部、内務、宮内大臣を歴任し枢府議長となる。

駿東郡沢田村（沼津市）の岡田氏は岡田冠者親義を祖とし、子孫は代々武田氏に仕え、後裔の善右衛門が天正16年（1588）甲斐国から沢田村に来住し、弟は出家して相善と号し江浦村（沼津市）に照江寺を開基したという。永禄初期、北條家臣の岡田修理は田方郡中村（三島市）の内を知行、韮山代官江川家臣の岡田三郎正臣は明治初期、君沢、田方両郡の郡長となる。

岡部、岡辺（おかべ）

岡部姓は県ランク291位、岡辺姓は少ない。駿河岡部氏は藤原氏流だが北家と南家流がある。北家流は天慶3年（940）駿河国に配流された藤原兼泰の二男公俊が祖、南家流は藤原為憲の後裔で、駿河守清綱が志太郡岡部（岡部町）を領して岡辺権守を称し、その子泰綱の時岡部に改姓したという。清綱の後は、泰綱―忠綱―長綱―家綱―康綱―照綱―時綱―永綱―良喜―良綱―仲綱―常綱（常慶）―正綱（弟に長秋、貞綱、長教）―長盛（弟に昌綱）と続き、泰綱は鎌倉初期、志太郡広幡村（藤枝市）朝日山城に住み、源頼朝が伊豆で挙兵の時味方した。子孫は代々岡部に住んで今川重臣として仕え、美濃守常慶は今川義元に属したが、正綱、長秋、貞綱の兄弟は後に武田氏に属した。次郎右衛門正綱は清水に住み、初め今川重臣であったが、永禄11年（1568）、武田軍の駿河侵攻の時から武田氏に属して江尻城（清水市）の守将となり、武田氏滅亡後、徳川家康に仕えた。正綱の子内膳正長盛の子孫は和泉岸和田藩主となり、長盛の弟昌綱は後に紀伊藩祖徳川頼宣に付属された。正綱の弟甲斐守長秋は元亀3年（1572）、花沢城（焼津市）攻めで戦死し、その子宣貞は武田氏に仕え、孫の景真は徳川家光に仕え幕臣となる。長秋の弟貞綱は初め今川水軍頭として清水に住んだが後に武田水軍の将となって武田信玄より土屋姓を賜り、その子長綱は徳川家康に仕え子孫は旗本となった。永禄3年（1560）、今川義元が戦死すると三河国に進出していた今川諸将は駿河に退いたが、五郎兵衛長教はひとり鳴海城で織田軍と戦い、同城退去の時、亡君義元の首級を織田信長に請うてもらい受け持ち帰ったという勇将である。後に武田信玄に仕え天正7年（1579）、高天神城（大東町）の城将となり、同9年徳川軍と勇戦し城兵と共に玉砕した。この他、桶狭間の戦で侍大将として討死した長定や忠兵衛尉直規、忠次郎、九郎兵衛など駿河岡部一族は数多く名が出る。変わり種では代々今川氏の大工総棟梁を勤めた岡部市郎右衛門、市郎兵衛父子がある。

岡村（おかむら）

岡村姓は全国ランクと似て県ランク162位。信濃国小県郡岡村より起こった桓武平氏流は武田氏に属す。今川義元家臣に岡村左京亮があり、北駿の岡村氏は葛山4天王の1人といわれ、葛山一族が信濃国で武田氏に滅ぼされてから、先祖の地である駿東郡葛山村（裾野市）に戻ったという。志太郡滝沢村（藤枝市）の岡村伝兵衛は今川軍師雪斎長老に近仕し、一族に二郎左衛門、三郎左衛門があり、高柳村（藤枝市）で岡村長者と呼ばれた富豪は山城国出身でこの地の草分けという。浜松の刀鍛冶兼法は美濃国の出で本姓は岡村氏。2代兼法の時浜松に住んで徳川家康の知遇を受け、3代助右衛門兼法は天正の頃駿府に移住し鍛冶頭となった。

岡本（おかもと）

岡本姓は県ランク65位、大須賀、浅羽町は町ランク4〜5位。永禄の頃、今川家臣に岡本勘五郎があり、伊豆網代（熱海市）の岡本氏は源三位頼政の子孫で、後裔の岡本頼相は大和国岡本城主であったが、文亀（1501―04）の頃、戦いに敗れて多賀郷網代村に移住して北條氏に仕える。後裔の善左衛門尉は小田原役の時網代水軍を率いて参戦し、北條氏滅亡後、名主をつとめ子孫は回船を所有、寛永年間は土豪的海運商人であった。北條家臣岡本弥太郎は永禄2年、多田村（韮山町）を知行。江戸時代、田中城主本多家臣の岡本氏は延宝期の金太夫宗清から代々家老職となる。島田の岡本氏は弓術家で、初代勘蔵が文政年間（1818―30）、園田村（森町）に住む日置流印西派弓術家の寺田信満に学び、子孫代々弓術を継いだという。磐田郡弥藤太島村（豊田町）の岡本氏の初代弥藤太は文亀年間この地を開発し、地名に残る。天正期、高天神城（大東町）を守る小笠原衆に岡本藤右衛門、久弥がある。

長田（おさだ、ながた、ちょうだ）

長田姓は県ランク134位だが、全国では460位という。有度郡長田村（静岡市）があるが、天平（729―49）の頃、他田舎人の居住地が長田の地名になったとも、長田庄司が住んだからとも伝えられる。有度郡長田村より発祥は桓武平氏流とも橘氏流ともいわれ、長田入道父子は治承4年（1180）、駿河目代橘遠茂に従い富士山麓で武田氏と戦って敗死する。長田入道は『東鑑』に有度郡鎌田（静岡市）の駿河目代長田忠致とあり、平治の乱に敗れた旧主源義朝主従が尾張国に逃れ忠致の館に寄宿した時、子の景致と謀殺した。長田庄司貞家は承久3年（1221）、尾張国より磐田郡西浅羽村（浅羽町）に移住し、王子神社を再建したと伝える。貞永2年（1233）、志太郡川口村（島田市）清源寺を開基した長田左衛門宗光は後に永田右衛門太郎と改名し、元和の頃の子孫に永田衛門太郎がある。正平6年（1351）、長田庄の長田五郎次郎は足利直義に味方し、今川方に攻められて館を焼かれ、応永30年（1423）駿河下嶋を開発した長田氏は長田入道の子孫で、大永年間の後裔を長田四郎太郎親重という。

伊豆では賀茂郡稲梓村（下田市）に長田致房が一時住んで賀茂二郎と称し、4代孫の忠致の三男長田三郎も落居村（南伊豆町）に逃れ住んだという。子孫の長田八郎左衛門尉重秀は永正16年、高根神社を再興。永禄初期、北條家臣の長田但馬守は伊豆兵衛森を知行した。

落合（おちあい）

落合姓は県ランク117位、菊川町は町ランク2位。信濃国佐久郡落合村より発祥は清和源氏武田氏流。美濃国発祥は山県氏流。甲斐国市川大門落合より起こるは落合蔵人泰宗の後裔という。また、工藤氏流の船越景廣の子駿河権守遠景や清和源氏流の足利義胤が落合祖とあるからこの流裔もあるに違いない。戦国期、佐野郡松葉城(掛川市)の城主河井宗忠家臣の落合九郎左衛門久吉は、勝間田播摩守と通じて河井氏を滅ぼし、一族の落合文之助は永禄初期今川義元に仕え、義元家臣の落合長門は桶狭間の戦で討死。武田勝頼家臣の落合市之丞は永禄12年(1569)の蒲原城攻めで一番乗りの功名をあげた。由井正雪の慶安の変の時の駿府町奉行は落合小平次道次。駿東郡伏見村(清水町)の草分けに落合氏があり南朝方の浪人と伝える。田方郡中島村(三島市)の落合次郎右衛門は元和年間に真明院を再興開基した。

《か》

加藤(かとう)

加藤姓は岐阜県ではトップだが県ランクは9位。歴史的には県東部は縁が深いが今は県西部に多い。加藤氏は藤原利仁の後裔、景道が前九年の役(1051)に源頼義に従い、軍功により加賀介になり加賀介の加と藤原の藤をとって加藤と称したという。

仁安年間(1166―69)景道の子景員は在京中、平家の侍を斬ったので子加藤太光員、加藤次景廉らを連れて浪人し、伊豆国の豪族狩野茂光を頼り、茂光の妹を後妻として日向(修善寺町)に住みついた。光員、景廉兄弟は父景員と共に源頼朝が挙兵した時から郎党となり武勇をあらわし、石橋山の戦に敗れてから一時富士山麓にひそんでいたともいう。建久元年、景廉は浅羽庄（浅羽町）の地頭職となり、正治2年（1200）、梶原景時の謀反の時所領を没収されたが、伊豆の仁田忠常を討って北條氏に重用され、後に狩野庄牧之郷（修善寺町）の地頭職となる。景廉の子左衛門尉景長は伊豆走湯（熱海市）で生まれ、浄蓮と号した名僧源延は景廉の弟という。徳治2年（1307）、片瀬村（東伊豆町）の地頭は加藤康廉、戦国期、奈良本村（東伊豆町）の代官土佐守、筏場村（河津町）の代官小太郎、加納村（南伊豆町）の代官又太郎定秀などがあり、天正年間網代村（熱海市）の安養寺を開基した弥七郎良吉の子孫は寛永期より代々名主をつとめた。富士郡吉原（富士市）の加藤氏の祖は加藤判官（景廉か）と称し、源頼朝に美酒に藤花を添えて献上、この子孫の下野守宣儀、下野守直景は、永禄年間（1558－70）武田氏に属し、また富士山麓に加藤光員、景廉兄弟の後裔があるという。今川義元家臣に加藤六郎左衛門がある。浜名郡の加藤氏の先祖は源三位頼政の郎党で、貞和元年（1345）美濃国に蟄居していた頼政の後裔清政を同志とともに招き清政に仕えたという。清政は後に佐久城（三ヶ日町）を築き浜名左近大夫と称した。志戸呂焼陶家の加藤氏は、名陶家加藤藤四郎の後裔景忠の末裔である瀬戸焼の加藤四郎左衛門が天正年間（1573－92）美濃国久尻から来住したという。

伊豆国江梨（沼津市）に元弘年間から住んだという熊野水軍鈴木氏郎党の加藤氏は北條氏と運命を共にし、子孫はこの付近に土着したと伝えられる。駿東郡玉川村（清水町）住人の加藤氏は文禄以前から住むという。

影山、蔭山（かげやま）

影山は蔭山、陰山と通じ用いられたが、今は影山姓が多く、県ランク167位。全国では900位に近いという。鎌倉時代の徳治2年（1307）、幕府家人の蔭山左京亮基広は沼津宿の八幡社を勧請したというが、藤原氏栗生氏流か。伊豆河津城主蔭山氏は清和源氏足利氏流で、鎌倉公方足利持氏の七男、勘解由広氏の後裔という。広氏は父が自殺した後、外縁により河津郷（河津町）に住み、成長後、この地の紀氏流蔭山氏を継いだ。延徳3年（1491）北條早雲が伊豆を侵攻した時、その家臣となり河津城主となる。広氏の子孫は代々北條氏に仕え、刑部左衛門忠広は永禄初期田方郡原木（韮山町）も知行した。天正18年（1590）、豊臣秀吉の北條攻めの時落城し、当時の城主長門守氏広は落城の時養女お万を連れて脱出し一時、田方郡加殿村（修善寺町）にかくれ、後に駿東郡三枚橋（沼津市）に世を忍んで住んだという。

このお万は後に徳川家康の側妾となり、紀州藩祖頼宣、水戸藩祖頼房を生んだ蔭山殿である。一説によると、お万の実父の上総大滝城主、正木邦時（頼忠）は里見氏に滅ぼされ、妻の智光院はお万を連れ子として田中村（大仁町）領主であった父田中越中守泰行の縁故で河津城主蔭山氏広に再婚したという。別説では北條氏康の子、川越城主、氏忠が氏広に預けられ、その妻がお万らを抱えて氏広と再婚したという。また、お万は正木、蔭山氏には関係なく、冷川村（中伊豆町）の百姓の子で、大平村（沼津市）の庄屋星谷氏の養女となり、三島本陣に働いていた時、家康に認められたともいう。お万は後年、日蓮宗を信奉し三島の妙法華寺参りをし、晩年は子の紀伊藩祖頼宣の許で暮らした。氏広の子（お万の義弟）貞広3代孫勘解由親由は元禄9年から7年間下田奉行となる。

慶長年間、藤枝の年寄役に影山五郎右衛門があり、下都田村（浜松市）の草分けに影山氏がある。

片山（かたやま）

片山姓は静岡市周辺に多く分布し県ランク160位。北駿の藤原氏族葛山氏流は武蔵国新座郡片山村より起こる。北條家臣の片山大膳亮は天正18年（1590）、伊豆山中城（三島市）で討死した。伯耆流居合術の祖、片山伯耆守久安は駿河片山村（静岡市）で伯父の松庵に師事、後に豊臣秀次の剣術師範となり、大坂夏の陣（1615）後流浪して周防吉川氏に仕えた。周智郡犬居村（春野町）の片山氏の先祖は若狭国小浜藩主酒井氏の侍医で、卜仙の時来住し、子孫は医業を継承した。

勝間田、勝又、勝亦、勝俣（かつまた）

勝間田、勝又、勝亦、勝俣は同流。葛俣、勝田もカツマタと読み、混用されている。県ランクは、勝又45位、勝亦178位、勝間田332位、勝俣482位の順となる。4姓とも分布が似て東駿地区に密集し、勝又姓は御殿場、裾野市では市ランク1位、勝間田姓は全数の約70%が御殿場市、勝俣姓は小山町が最多、勝亦姓は沼津、富士市に多い。榛原町には勝田、勝間、勝間田、勝俣の地名がある。カツマタ氏には源氏、藤原氏、平氏と諸説があるが、その伝承が極めて似ているから源流は異なっても後世においては同族化したと思える。『保元物語』などに出る遠江国住人勝田《かつまた》平三（玄蕃助）成長（勝間田、勝俣とも）は源義家の後胤、横地城（菊川町）城主、横地太郎家永の子といい、榛原郡勝田《かつまた》（勝間田）郷（榛原町）に住み、地名を氏として武田義定に属した。応仁の乱の時、勝間田修理亮と同族横地四郎兵衛は西軍山名氏に味方し、東軍細川氏方についた今川義忠に文明8年（1476）攻められ、約400年栄えたが滅亡した。この時、勝間田一族の中には駿東郡印野村（御殿場市）や甲斐国に逃れ住んだ者もあったという。一説によると、後世、甲斐国平野村の勝間田4兄弟は、嫡子が平野村に残って勝俣を称し、二男、三男は今里村（印野南方）に移住して勝間田、四男は箱根仙石原に住み勝俣を名乗ったと伝えられ、今里村（裾野市）の勝又はもと勝間田ともいう。また勝間田姓が本家で、勝俣、勝又、勝亦は分家筋で後世に字を変えたともいわれる。天保年間、須走村（小山町）名主勝間田三平は印野勝間田氏の一族であるが、勝間田姓が多いので明治初期、間をとって勝田にしたという。また勝間田氏と共に勝間田庄から印野に落ちてきた伊野氏は故郷を忘れないために勝間田姓とし、伊野姓にちなみ地名を印野にしたと伝える。明治以後、御殿場市出身で衆議院議員となった勝亦干城、勝又春一、勝間田清一の3氏を通称御殿場三カツマタと呼んでいる。『新編武蔵国風土記』は藤原光氏が榛原郡に居住して勝間田重郎と称し、長男光伴は勝間田姓、二男光成は遠江井伊氏の祖、三男光重は遠江横地氏の祖となり、後裔の勝間田光時は永享（1429―41）の頃、東遠に住み、子孫は武蔵に移って丸山姓を名乗ったとある。勝間田氏と横地氏の祖が兄弟であることは定説という。

藤原氏流は遠江権守藤原為憲4代の孫、維兼の後胤、行久の養子工藤高景が勝間田庄（榛原町）を領し、7代孫遠江守行政が勝間田を称し、その子は内田村（菊川町）に住み内田を称すという。勝間田越前守長清（成長の裔ともいう）は、永仁（1293―99）の頃、出家して蓮昭と号し清浄寺を開基、冷泉為相に和歌を学び『夫木集』を撰した。為相の歌に「尋ね来てかつみるからに勝間田の花のかけこそたちうかりけれ」とある。南北朝期、勝間田中務丞、能登守佐長、治部丞長直ら一族は北朝方足利氏や今川氏に属した。応永年間（1394―1428）、今川氏に属した太郎左衛門尉定長、越前守元長があり、長興寺を開基した十郎政次などもある。また、高望王の子で畠山、千葉氏の遠祖平良文の後裔正胤が勝間田城主となり勝間田を称し、この後裔、盛次は戦国期、遠江葛俣（榛原町）の領主であったが、今川氏に叛いて追われ富士の法華寺に入って僧となり、後に甲斐に行き武田信虎に仕え、子孫は武田氏に従ったともいう。

ところが、深良村（裾野市）の赤児大明神祭文に建久元年（1190）、勝又兵部国元の名が記してあるといい、御殿場市の勝又氏は竹之下合戦（１３３３）に敗れた南朝方の勝又左近之助が中畑村（御殿場市）に隠れ住んだことに始まり、先祖は遠江勝間田氏の流れを汲むという。これが真実とすれば東駿には遠江勝間田氏が来住する以前に勝又姓が存在した事になり、勝間田と勝又は同族異流という事になる。

金子（かねこ）

金子姓は全域に分布し、県ランク１２２位。引佐郡細江町は町ランク4位、全国では32位。武蔵国金子村から起こった金子氏は、保元の乱（１１５６）に源義朝に属した桓武平氏流十郎家忠を祖とし、信濃の金子氏は小笠原氏流という。『翁草』に、家忠が伊豆の内３万石、近則が１万石とあるが、さだかではない。駿東郡の金子氏は大山守皇子を祖とし、駿東郡金子村に住んで金子を称したと伝え、南北朝期、南朝に尽くした金子宗高、景国父子があるという。永禄初期、今川家臣に金子十郎左衛門があるが、武蔵金子氏の末裔。

神谷（かみや）

神谷姓は浜松市に多く県ランク99位。三河国額田郡神谷村発祥は藤原氏流で、鳥羽院武者所の宇都宮朝綱の孫検校頼綱の後裔、神谷石見守重期が祖。また、藤原伊賀守朝光の子伊賀太郎判官光季の後胤ともいう。

遠江の神谷氏は三河神谷氏の同族で、天正初期、高天神城（大東町）の横須賀衆に神谷孫太郎、権六、六平があり、見付宿（磐田市）本陣家、磐田郡豊雷命神社の社家、笠井村（浜松市）の春田神社の神官家にあり、田代村（本川根町）の牛頭天王社（徳谷神社）神主の神谷氏は藤原氏流といい、文治（１１８５―９０）の頃から住み、文亀年間（１５０１―０４）、牛頭天王社勧請以来、代々神主を相続、慶長期（１５９６―１６１５）の先祖を若狭大夫という。駿河には天正の頃、駿府住人に神谷衛尉範貞、弥五郎重勝がある。播磨国出身の神谷忠右衛門安長は元和３年本多氏に召し抱えられ、子孫の忠兵衛安清は延享の頃、田中藩（藤枝市）本多氏の家老となり、その子忠兵衛源安定は弓術、俳諧に秀で藩の老職となる。

河合、河井、川合、川井（かわい、かあい）

４姓中では河合が最多で県ランク86位、舞阪町は町ランク２位。川合姓は１７５位、豊岡村は５位。川井姓はランク６００位以下、河井姓は少ない。

奈良時代、山名郡川合（袋井市）に丈部《はせつかべ》川相《かわあい》や遠江権少目川合宿禰良種があるが、県下の川（河）井姓には川相の末裔と藤原氏諸流、清和源氏流があるという。藤原氏流川井、河井氏の祖は中納言藤原宗忠で、宗忠は父通憲が平治の乱に敗れ遠江国に流され、その子兵衛尉宗久は源頼朝に仕え、川井（合）村（袋井市）に住んで川井を姓としたという。一説では宗忠は川井村に代々住んだ丈部川相の末裔ともいわれている。宗久の後裔の川井丹後守忠俊、丹波守忠吉父子は今川氏に仕え、忠吉の孫久定は主君今川義元が桶狭間で討死してから浪人となり、父祖の地、川合村に住んだが後に徳川家康に仕え、遠江国代官となった。戦国期、河（川）井蔵人宗忠（成信）は山名郡川井村に住んで今川氏親に仕え、松葉城を守備したが、明応5年（1496）、鶴見因幡守栄寿に攻められて自害し、子宗在は三河国に逃れ、河合勘解由左衛門と称し、孫宗則は酒井氏の老職となる。この系統は清和源氏流とも藤原氏流ともいう。久定の一族の川井政忠は父政俊と共に遠江国に居住して今川義元に仕え、後に武田、徳川氏と転属し伊豆銀山奉行となった。この他、遠江には藤原氏流井伊直氏の後裔と伝えられる川井、河井氏や、源範頼の子吉見中納言範円の後裔で、磐田郡川井村（袋井市）より出たと伝えられる川井氏もあるという。藤原氏流川合氏の祖は東駿葛山氏族の大沼親康の子親清が、河合殿と称しその子清綱が河合二郎と号したにはじまるというが、富士郡河（川）合郷（芝川町）発祥か。源義家に仕えた大宅光房の孫、大二郎光延が河合入道と号し、その娘の子が日興上人となり、孫娘の子が日善、日代上人という。益津郡の河合氏の祖は三河国八名郡河合村に住んだが、天正18年（1590）、本多氏に従って小田原戦に出陣する途次、浜当目（焼津市）に留まり、そのままこの地に永住したと伝えられ子孫は庄屋を世襲する。

伊豆の河合氏は宝亀年間（770−81）、関東暦師として京都から遣わされて三島に住居し、三島大社で今なお発行している三嶋暦を作ってきた暦版元の家系という。江戸初期、榛原郡の代官となった川井助左衛門や元禄の頃、志太郡島田の豊運庵を開基した河合市太夫もある。この4姓は混用され系統が定め難く、上張村（掛川市）の河井氏のように本家が河井で分家は河合、川合を称したという伝承もある。

川口、河口（かわぐち）

川（河）口の地名はいたる所にあり、全国地名ランク4位、川口姓は県ランク50位、御前崎町は3位。河口姓は少ない。甲斐国都留郡河口村から起こった河口氏は藤原氏流。富士浅間神社の大宮司義尊の孫維尊が河口太郎と称したとあり、徳川家康家臣で駿府在城の川口茂右衛門宗憲は美濃国川口村発祥の桓武平氏流といい、久能社家の川口氏、庵原郡辻村（清水市）の箭《や》（矢）倉明神社祠官の川口氏もある。富士郡今宮村（富士市）の川口氏は代々社家で、慶長年間（1596―1615）の重郎兵衛源元親は源氏流という。延宝9年（1681）、青島村（富士市）名主、市郎兵衛は検地に抗し義民と賞讃されるが、元親の分家といわれる。

沼津の日吉山王社家の大森猿千代は藤原氏族で、後に川口を称し、天正初期、武田氏に属した川口次郎左衛門はこの一族と思われ、天正18年（1590）、十右衛門の四男、清右衛門信忠は豊臣方松平康重に属し小田原攻めで戦死するが、子孫は代々山王社の神主につとめた。寛政年間、足高山馬牧の勤士、川口五郎兵衛もゆかりの者であろう。北伊豆丹那村（函南町）の川口氏の祖は藤原氏流川口左内信久の17代孫、左京亮教景といい、小田原落城（1

590）後、北條家臣の山口淡路秀房が教景の養子となり川口左京亮と称して帰農し、4ヵ村の名主をつとめたという。秀房は凶年の時強訴し、減税となったが己は死罪になったという。跡式は子秀則が継承した。

遠江の川口氏は宇多源氏の末裔。松下藤九郎為雲の子筑後守国直は遠江頭陀寺城（浜松市）主、弟高信は国直のあとを継ぎ今川氏真に属したが、永禄12年（1569）、徳川家康に通じたので攻められ落城した。高信の子近信（近次）は遠江江間一族の川口合左衛門に養われて川口長三郎と名乗り、後に徳川家康に仕えた。

川崎、河崎（かわさき）

川崎と河崎は通じ用いられ、川崎姓は県ランク220位。桓武平氏秩父氏流は武蔵国河崎庄より起こり、度会《わたらい》氏流は伊勢国河崎村発祥という。北條家臣川崎隼人は小田原役の時（1590）、伊豆韮山條を守り討死、庵原郡山嶺村（清水市）に宝永5年、川崎角兵衛がある。

川島、河島（かわしま）

川島と河島は通じ用いられ同族。川島姓は県ランク104位で西部に多く、河島姓は少ない。近江国川島村より起こるは佐々木六角氏流、藤原氏族の河村氏流や斎藤氏流などもある。磐田郡二俣村（天竜市）の河（川）島氏は斎藤成実の孫で、武蔵住人河島成利の曽孫修理亮利継の後裔といい、明和年間（1764―72）川島次郎八藤原重徳は名主職をつとめ、日置流印西派の弓射家として名があり、庵原郡西倉沢村（由比町）の川島勘兵衛は宿場本陣を営んだという。

川村、河村（かわむら）

川村と河村は同族で混用される。川村姓は県ランク147位。河村姓は県ランク187位。金谷の河村氏は文亀2年（1502）大覚寺を開基、徳川家康の側妾茶阿局（松平忠輝の母）は、金谷の住人、河村八郎左衛門秀重の養女といわれ、秀重の弟次郎右衛門秀宗は今川氏衰退後浪人して藤枝に住み、子如伯秀雄は医家となり、慶長年間家康の子忠輝に仕えたが、後に藤枝に帰り子孫は医業をつづけた。茶阿の弟弥七郎は初め武田氏に属し、後に忠輝に仕えたが晩年、郷里金谷に蟄居し、子孫は金谷本陣を営む。この子孫から化政期の画人丸尾月嶂がでた。

永禄初期、今川義元家臣に河村大助があり、武田信玄家臣の川村善右衛門重忠は江尻城主穴山信君に属し、妻は岡部に住み、後に家康に仕え家康の子秀忠の乳母（大姥の局）となり、その子善次郎重久は秀忠に仕える。柿島村（静岡市）の川村七郎右衛門は今川氏に属し、横田村（静岡市）に河村三郎右衛門がある。江戸時代、久能山社家に河村氏、駿府町奉行所与力に新六があり、相川村（志太郡大井川町）の川村氏の先祖は豊臣秀頼に仕え、大坂落城後この地に来住したという。

《き》

木下（きのした）

木下姓は西部に多く、県ランク136位。鎌倉時代、伊豆に木下庄衛門勝茂がいたというが、定かでない。遠江の木下氏は戦国期今川氏に属し、永禄初期、今川義元家臣の木下藤太郎や犬居城主（春野町）天野景泰の被官に藤次郎、藤三があり、藤次郎は狐ヶ崎の戦いで負傷したという。藤三の子孫の隼人正は犬居城主天野宮内右衛門遠景の家老をつとめ、幡鎌右近丞義昌の子義康（義当）が養子となり木下氏を相続し、その子孫は周智郡気多村（春野町）に永住したという。丹間村（掛川市）、孕石村（掛川市）の木下氏や榛原郡勝間田村（榛原町）の木下氏はこの族裔か。

木村（きむら）

木村姓は県ランク52位だが、全国では16位に入る大姓。近江国木村より起こるは近江源氏佐々木氏流。この他、藤原姓足利氏流、平氏流など諸流がある。

天正の頃、三河の木村一族は武田勝頼に滅ぼされたが、天正2年（1574）、高天神城（大東町）小笠原衆に三河出身の木村長兵衛、又右衛門があり、市蔵は天正16年榛原郡藤守村（大井川町）を知行。長上郡天王村（浜松市）の木村氏は元和年間より代々大庄屋を相続するという。天正14年、庵原郡蜂ヶ谷村（清水市）の政所に木村与兵衛尉、有度郡の文殊菩薩祠官に木村氏がある。北條家臣木村三河守は佐々木氏流で小田原の役の時箱根山中城（三島市）を守り、三島の木村氏は戦国期より続くという。

菊地、菊池（きくち）

菊地と菊池は同族で、もとは菊池。菊地姓は東北地方に近い程多く、菊池姓は九州に多いというが、県内では菊地姓が多い。県ランクは菊地姓144位、菊池姓は218位、沼津市は菊地姓が約3倍、富士市は逆に菊池姓が約5倍ある。菊池氏は藤原氏流で左近将監則隆を祖とし、肥後国菊池郡より起こる。建仁年間（1201―04）、富士郡中里（富士市）の住人菊池志摩は阿野荘（沼津市）の領主阿野全成ゆかりの者で、全成が下野国で殺害された時、その首を持ち帰って葬った一人という。後裔の菊池武本は甲斐国に移住し、甥の武時の子、武重は建武2年（1335）南朝方の将となり、箱根の戦いで北朝軍に勝つ。この頃、南朝方に属した富士氏の副将に九州菊池一族の菊池氏がいたといい、武重の孫武光の妻は富士浅間社大宮司富士義勝の娘という。また、小田原城主大森実頼は北條早雲に滅ぼされたがその孫、甚七郎泰次は北條氏に仕え外祖母の姓菊池を称したという。

北條家臣の菊地掃部丞は永禄初期、田方郡松本（三島市）を知行し、天正初期、大平城

（沼津市）の北條氏堯家臣に菊池、菊地氏の名が多く出る。天明の頃、熊坂村（修善寺町）の郷士菊地安兵衛武教の娘に袖子がある。竹村茂雄に学び文学者加藤千蔭門下の逸材で、当時「俳句は加賀の千代、歌は伊豆の袖子」と言われたという。袖子の姓は菊池とも書かれているが、先祖は南朝の忠臣、菊池氏で肥後国から小田原に移り、子孫が熊坂村に移住したという。

北川（きたがわ）

北川姓は県ランク215位。金谷町は町ランク4位に入る。北川氏発祥地は多くあり、その流れも清和源氏や藤原氏など諸流がある。

榛原郡金谷宿の北川氏の祖は下菊川村（金谷町）を開創したといい、北川五兵衛は永禄年間（1558―70）牧野村（金谷町）を開発、慶長年間、治右衛門は宇佐八幡宮を勧請。新兵衛は天和2年（1682）、法音寺地蔵堂を建立、七郎右衛門は宝永の頃、勧勝寺を開基、子孫は代々庄屋をつとめた。

北村（きたむら）

北村姓は全国で65位と多姓だが、県ランクは211位。甲斐の北村氏は清和源氏井上氏流で頼季の後裔の伯耆守信貞の二男民部助延員が祖。清水港の回船問屋に北村氏があり、享保年間（1716―36）仁右衛門、天保年間（1830―44）喜左衛門、六郎右衛門がある。

金原（きんばら、きんぱら）

金原姓は西部特有の姓で県ランク130位。磐田郡浅羽町では町ランク2位、全国で1000位外という。戦国期はコンパルと読み金春とも書いた。駿河金山（静岡市）の金山師に天正（1573―92）の頃、金原小太郎が見えるが、金原氏はほとんど遠江住人で、引佐郡都田村（浜松市）の金原氏は惣左衛門が明暦2年（1656）より庄屋をつとめ、雨垂村（大須賀町）の金原氏は代々名主をつとめ、天保13年、文重は漂流した昇栄丸が異国から帰国した時、聞き書きして『唐土漂流記』を著した。文政の頃、貝塚村（磐田市）住人に日置《へき》流印西派弓術家の金原友七郎がある。全私財を投じて天竜川治水のために尽くした金原明善は、浜名郡和田村（浜松市）の人、忘れてならない人である。

《く》

久保田、窪田（くぼた）

久保田姓は、吉田町、蒲原町、清水町は町ランク4～5位内。県ランク42位。窪田姓は清水市に多い。久保田は窪田に通じ混用されているが、本流とみられる甲斐クボタ氏は窪田が多い。甲斐国山梨郡窪八幡より起こった窪田氏は三枝氏流と清和源氏流があるという。三枝氏流はもと石坂を称したが、武田信玄の時、窪田氏に改姓したといい、甲斐久保田氏は清和源氏流という。

榛原郡川尻村（吉田町）の久保田（窪田）氏は伊勢国の出身で、窪田助之丞氏豊の時、武田氏に従い、二男助之丞氏房は元亀元年（1570）小山城（吉田町）で討死し、子房孝は元亀3年、遠江川尻の斎藤実康の聟養子となり、姓を久保田に改めたという。子孫は代々、庄屋職をつとめた。慶長年間、島田宿本陣の久保田新右衛門もある。田方郡久料村（沼津市）の久保田氏の先祖は武田氏旧臣久保田兵五郎国家といい、主家滅亡後この地に土着したと伝えられ、その子、主水助泰吉は徳川家康に召し出されたという。泉郷（三島市）の窪田氏は天正年間から続くと伝えられる。

工藤（くどう）

工藤姓は東ほど多く、沼津市で全数の50％を占め、県ランク253位。青森県では県ランク2位。天慶の乱で平将門を討った藤原為憲が木工助に任じられたので、木工の工と藤原の藤をとって工藤と号したのがはじまりという。

工藤氏関係の系図は多く、そのいずれも相違がある。『尊卑分脈』は、為憲―時理―維景（兄時信）―維職―維次―家次―祐次（弟、祐家、家光、茂光）―祐経とあり、為憲は伊豆守、遠江守となって東国に下向し、その子時理は遠江守、時信、維景兄弟は駿河守、維職は伊豆国押領使となり、その子維次は伊豆の狩野、工藤、伊東、河津、宇佐美などの諸氏の祖となる。『相良系図』は、時理の弟時文の子時金を遠江工藤の祖、維職の弟維重を駿河工藤の祖、祐次の弟季光を伊豆工藤の祖としている。一族は源頼朝が挙兵した時その旗下に加わり、子孫は県下全域で戦国時代まで繁栄した。『保元物語』や『東鑑』に見える親光、親成、茂光、景光、行光、助光、祐経や工藤八、工藤六などは伊豆、駿河の工藤一族である。曽我兄弟も討たれた工藤祐経もこの一族。正治2年(1200)、狐ヶ崎で梶原一族を追討した工藤六、工藤八はこの一族であり、宝治2年(1248)、原田庄(掛川市)を領した工藤信濃守秋元、南北朝期、東駿を知行した公藤右衛門尉、入江庄(清水市)を領した工藤左衛門尉春倫もこの族であろう。

栗田(くりた)

栗田姓は県ランク74位。信濃国発祥は村上源氏流と清和源氏流。永禄年間、阿野庄根古屋(沼津市)の住人、栗田玄蕃は今川氏に仕え後に武田氏に属した。信濃善光寺別当栗田氏の子孫に寛政年間から足高山馬牧に勤仕した只平、仙右衛門がある。天正末期、武田遺臣栗田将監は旧知の人が住む田方郡大竹村(函南町)に来住したと伝える。

城飼郡平尾村(菊川町)の広幡八幡宮の祠官栗田氏の遠祖は、柿木長者といって往古より代々平尾村に住み、養老年中（717－24）京都の栗田大蔵信磨が婿養子に入り、この時から栗田姓に改め河内国誉八幡宮を遷座して神主となった。後裔の刑部少輔吉信は長男彦兵衛吉勝、二男彦四郎次安、三男五郎平と共に天正9年（1581）武田方に属して高天神城（大東町）に籠城し、父吉信は落城の際自刃し、3兄弟は落城後、富士重須（富士宮市）へ逃れ、兵乱が治まった天正11年、吉勝は帰国して神職を継ぎ、次安は後に加茂村（豊田町か）の八木氏の養子となり、五郎平はそのまま駿河に土着したという。吉勝の子孫は代々神職を継承し、左兵衛信安の子、土満信昌は賀茂真淵、本居宣長に師事し国学者として著名、弟貞良も国学者で駿府に住む。

黒田（くろだ）

黒田姓は小笠郡では町ランク4位、県ランク194位。黒田節で有名な九州黒田氏は近江国黒田村から起こった佐々木流だが、黒田の地名が各地にあるので流れは多い。駿河の黒田氏は橘氏流といい、大橘播磨守定綱の子信濃守広綱が黒田を称し、その子、監物久綱は元亀の頃、駿府に住んで今川氏に属し、子の蔵人光綱は後に徳川家康に仕えた。光綱の子信濃守直綱も家康に仕えて、志太、富士、田方などを領し、子孫は旗本となり、光綱の弟直満は紀伊徳川家に仕えた。南伊豆の黒田氏は天正年間（1573－92）賀茂郡一色村（南伊豆町か）の吉祥院を開創、河津村（河津町）の黒田氏は九州黒田氏の分流と伝えられ、江戸時代は網元で山林地主として知られる。小笠郡下平川（小笠町）の黒田氏は足利義次が越前国黒田庄に住んで姓とし、その子義治は紀伊国に移住し、その三男式部少輔義理は城東郡を領し、四男監物義重は平川村を領した。8代目の九郎大輔義則は永禄年間（1558－70）、この地で今川氏に仕え、後に徳川家康に属し天正2年、小笠原長忠に属して高天神城（大東町）を守り、開城後平川村に帰住した。江戸時代は旗本本多日向守の代官をつとめ、その居宅は重要文化財に指定されている。

桑原（くわばら、くわはら）

桑原姓は県ランク138位。遠江の桑原氏ははじめ大伴姓、のち菅原姓の参議宮内国通の後胤といい、桑原兵衛景親の子景久の時、長上郡参野村（浜松市）に移住したと伝えられる。子孫の弥五郎や源助は天正年間（1573－92）遠江天野氏に属した。また、二階堂行清の子で石ヶ谷（掛川市）に住んだ石谷政清の子の次郎左衛門政重は桑原を称したという。信濃国桑原村の桑原外記の二男八郎左衛門久秀は戦国期、山名郡長溝村（浅羽町）を開拓。島田宿の名主桑原氏は代々文人を輩出し、6代目伊右衛門藤泰（黙斎）は画詩地誌をよくし『駿河記』を著し、義兄作右衛門正寅の子で7代目正瑞（芯堂）は画人、その長男正旭（霜崖）は書家、二男正望（桂叢）は画家として名高く、芯堂の妻物外は女流歌人として名がある。伊豆の桑原平左衛門は田方郡北条（韮山町）に住み、長享年間（1487－89）、堀越公方足利政知に仕え、後に北條早雲の麾下となり、子孫は伊豆衆21家に数えられる。

《こ》

小池（こいけ）

小池姓は浜松市が特に多く県ランク95位。清和源氏佐竹氏流小池氏は津金美濃守胤秀の子丹後守胤貞が甲斐国巨摩郡小池村に住んだので小池を称し、丹後守胤貞は津金衆小池党の首領となり、その子虎胤は武田の5虎と呼ばれ、武田氏滅びてから徳川家康に仕えた。虎胤の子主計義氏は武田残党軍の主謀者となり、徳川方に警戒されたので身延山に入ったが天正12年（1584）、自刃したと伝えられる。清和源氏村上氏流は美濃国より発祥し、源満実が古池を称し、その子実忠が小池に改めたという。桓武平氏流は村岡五郎良文の後胤で、信濃国筑摩郡小池村より起こり、小池弥兵衛貞吉、主計助貞之父子は武田氏に仕え子貞季は徳川家康に仕えた。また、紀伊国日高郡小池庄から出た小池主計助某は北條早雲に仕え、早雲が伊豆発向の時からその手に属したとある。永禄初期、今川家臣の小池伝之助や元亀2年（1571）高天神城（大東町）城主小笠原長忠に属した小池左近は信濃系遠江小池氏。田中藩士小池氏は代々武術師範役としてつづき、特に泰顕は天心流、松本流棒術に長じていたという。

小泉（こいずみ）

小泉姓は県ランク126位。『山槐記』に平安末期、駿河国住人、小泉庄次郎の名が出る。駿河小泉氏は清和源氏流の小笠原政康6代の孫、上松泰清が今川義元に仕えて小泉郷（富士宮市）に住み、その子次大夫吉次の時、姓を居住地の小泉に改めたという。吉次は初め今川氏真に属したが、後に徳川家康に仕えて武蔵国稲毛川崎の代官となり、長男吉明も家康に仕え子孫は旗本となり、二男吉清は紀伊徳川家に仕えた。天文21年（1552）、今川義元家臣の小泉又七は新田を開発。今川氏親家家臣小泉左近は明応5年（1496）、高天神城（大東町）の城番となり、永正年間は約10年、城主福島正成に代わって同城の城番をつとめた。

天正年間、梅ヶ島（静岡市）住人の小泉勘解由《かげゆ》左衛門尉は、鉄砲の達人で小泉流を創始する。先祖は武田旧臣で駿河金山に関係した金掘りと伝えられる。この子孫は代々安倍郡入島（静岡市）の里長を務めた。北條家臣小泉意春は天文11年、田方郡松ヶ瀬村（天城湯ヶ島町）の代官となる。

小出（こいで）

小出姓は天竜市が最多で市ランク6位、県ランク274位。藤原為憲流の二階堂山城守行政の後裔、右衛門時氏が信濃国伊奈郷小井氏《こいで》村に住んで小井氏（小井出）を称す。尾張の小出祐重は尾張国愛知郡中村に移住し、孫の秀政は豊臣秀吉に仕え、子孫は丹波国園部藩主として続いた。

三島宿の小出氏は信濃国諏訪神家の後裔といい、江戸時代、名主をつとめ、東藤平村、嶺神沢村（天竜市）の小出氏は名主を世襲した。

小島（こじま）

小嶋とも書く。小島姓は全国では37位、県ランクは189位。清和源氏浦野氏流は美濃国発祥といい、三河国で栄えた。永禄初期、今川義元家臣に小島半太夫、三郎兵衛があり、天正2年（1574）、高天神城（大東町）の小笠原衆の小島与五右衛門、次郎右衛門、武兵衛は開城後武田氏に属した。遠江小島氏は佐々木氏流の三河小島氏の流れをくむ。北條家臣の小島右京亮は永禄初期、伊豆長崎郷（韮山町）を知行した。駿府の丁子屋は小島氏で、7、8代目の葛才、葛人は俳人として名をなした。

小杉（こすぎ）

小杉姓は浜松、浜北両市に多く県ランク171位。永禄初期、今川義元家臣に小杉條右衛門がある。元亀3年（1572）、徳川家康が武田信玄と戦い窮地に立った時、身命を惜しまず敵を防いだ本多平八郎の功を、武田家臣小杉右近助が賞して「家康に過ぎたる物が二つあり、唐の頭に本多平八」と歌って見付宿（磐田市）に碑を立てたという。天正年間の駿府浅間社家の藤原忠安の後裔は小杉太夫を称して代々神官を世襲し、江戸後期の子孫に小杉隼人将監がある。藤枝の青山八幡宮の神官に天正の頃、小杉左京があり、子孫は左京の名を継承する。

小長谷（こながや）、小長井（こながい）

小長谷と小長井は同族でその分布も似ており、静清地域に多い。県ランクは小長谷姓257位、小長井姓282位。全国でも小長井姓が少ない。武烈天皇の頃、諸国に御子代部《みこしろべ》として小長谷《おはせ》部が置かれ、これを支配したのが、大和国から起こり古代各地の国造となった多臣族の小長谷直《あたえ》である。天平年間（729—49）、駿河国に小長谷部善麻呂、小長谷部足国がある。『寛政譜』によると、吉良左馬四郎義継の後裔久清は三河国長谷郷に住み、小長谷五郎左衛門と称し、後に大長谷と小長谷の2家に分かれたという。久清は今川了俊に属し、志太郡に移住しその地を小長井（本川根町）と称す。4代孫の長門守道友は初め今川氏真、後に武田信玄に仕え、武田氏滅亡の時、小長井城で討死したという。道友の一族は、後に徳川家康に仕えた加兵衛晴次や弥右衛門時重などがあるが、一族離散したので帰農した者も多くあり、小長井に住む小長谷氏や、上小田村（焼津市）に住み代々三郎兵衛を名乗って庄屋をつとめた小長谷氏はこの後裔という。

清水市袖師の『小長井氏家譜』によると、今川氏に属した小長井（谷）道友の子佐内吉政、八左衛門吉次の兄弟は武田信玄に降り、朝比奈信置に属して駿河持舟城（静岡市）を守備したが、天正10年（1582）、徳川家康の攻撃で落城した為、兄吉政は袖師横砂（清水市）、弟吉次は清見関（清水市）に穏棲し、寛政年間横砂村の陣屋役人小長井氏はその子孫という。『駿河志料』ではだいぶ違い、志太郡上藤川（本川根町）の小長谷（井）氏は清和源氏流山城守清房を小長谷氏の祖とし、その子土岐和泉守清則が駿河守となって河内国から駿河国に来住し、一説では7代孫伊豆守則久の子、長門守則詮が永仁元年（1293）、小長井城を築き、川根徳山から小長井城に移住して姓を小長井（谷）と改めたという。戦国期、加賀守（長門守）道友は小長井城主となり、加兵衛晴次は徳川家康に仕えて川根地方の代官となり、その子晴之は幕臣小長谷氏の祖となった。別流の子孫は忠左衛門、忠兵衛を称し、この地の里長となったという。元亀（1570―73）の頃、武田氏に属し、後に徳川家康に仕え志太郡岡部に土着したという小長井（谷）山城守定近（長門守道友ともいう）は則詮9代の孫といい、その子政房は徳川家康に降り、4子のうち2子は徳川氏に仕え、2子は民間に隠れ、その1人は小長井弥左衛門則房と称し岡部西山に住んだという。志太郡大富村（焼津市）の小長谷氏の先祖は、道友の子三郎兵衛といい、三郎兵衛新田を開発したと伝える。

小林（こばやし）

小林姓は全国で6〜7位という大姓で、県ランクは15位。小林の地名は各地にあるだけに系統もいろいろある。

大永年間（１５２１－２８）、今川家臣に小林対馬守、銀之助、甚左衛門がある。小林作兵衛は永禄3年（１５６０）、主君今川義元が桶狭間で戦死した時、駿府にいた氏真に注進する使者となり、永禄12年駿河峰山（静岡市）に落ちて永住。また藤枝大村（藤枝市）の開拓者7人の中の小林氏も今川落人に違いない。永禄12年、武田氏に属した小林七郎左衛門は根原、青柳（富士宮市）を知行し、佐渡守は徳川家康より根原郷の諸役免許を受け子孫はこの地に永住する。駿東郡深沢城（御殿場市）を守備した武田家臣の小林将監は藤原氏流の甲斐小林氏。駿東郡竃新田村（御殿場市）の小林氏は、小田原藩稲葉家臣で竃新田を開発した奥住新左衛門の甥の3兄弟という。父の吉重は越前国の出で新左衛門と同じく朝倉旧臣といわれる。信濃国に住む長男吉右衛門吉元、二男治郎右衛門吉次は新左衛門の開発に加わり、三男安兵衛吉永は父吉重の死後、家を弟吉治に委ねて開発完成後の正保3年（１６４６）、竃新田に移住したという。賀茂郡下賀茂村（南伊豆町）の神官小林氏の遠祖は坂上田村麻呂5世孫小林入道広国の子で吉佐美村（下田市）に流寓した小林平馬正広と伝える。北條水軍の伊豆江梨（沼津市）鈴木氏の郎党の小林重高、重行父子は天正18年（１５９０）、豊臣水軍と駿河湾で戦い、主家北條氏に殉じて滅びたという。寛永年間、伊豆代官になった小林十郎左衛門、彦五郎がある。

小松（こまつ）

小松姓は熱海市が最多で県ランク159位。平重盛を小松殿といったので、桓武平氏流の小松氏もあるが、清和源氏武田氏流は甲斐国山梨郡小松村より起こり、武田信義の子有義が祖、その孫時信が小松六郎と称す。文明、永正年間、武田家臣に修理亮有清、越後守吉式などがあり、子孫は武田軍の駿河侵攻に従軍して駿河国に出陣している。土肥氏流は相模住人、小早川遠平の孫小松時景を祖とする。幕末期、伊豆伊吹隊に小松帯刀がある。

小山（こやま、おやま）

小山姓は全国では43位、県ランク180位、浜松市に多い。史上名のあるのは鎮守府将軍陸奥守兼光の後裔、政光が小山庄を領し、姓としたという藤原秀郷流小山氏である。城東郡雨垂《うたり》村（大須賀町）の神主小山氏の遠祖の小山中務少輔俊玄は大宝元年（701）船で渡来し三熊野神社、熊野速玉神社（浜岡町）、那智神社の三社を創建し宮司となったという。

清和源氏流小山判官正武7代の孫、小山介三郎吉高は応徳元年（1084）、賀茂郡吉佐美村（下田市）に来住したと伝える。永禄初期、今川義元家臣に小山三郎兵衛、榛原郡小山城（吉田町）に小山氏があり、永禄期、引間城主飯尾連竜の被官に六郎兵衛尉がある。江戸時代、駿府木枯森の八幡宮禰宜に小山文太、寛文年間、小田原藩主稲葉家臣の小山源兵衛は駿東郡茶畑村（裾野市）に住んだという。

後藤（ごとう）

後藤姓は県ランク26位、沼津、富士宮市や菊川町は各市町ランク1桁台に入る。後藤姓の発祥は、藤原氏の後裔という意味とも、藤原公則が備後守、肥後守となったから後と藤とを組み合わせたともいう。

遠江の後藤氏は嫡流で室町幕府に仕え、康正、長享の頃、後藤能登守入道は日比沢城（三ヶ日町）に拠り、浜名氏の重臣。浜名郡本坂（三ヶ日町）の地頭、後藤角兵衛は文明2年（1470）、今川氏に仕え本坂（三ヶ日町）の関守となり、その孫佐渡守は永禄11年上野国横川関に移ったが、元亀2年（1571）本坂に復帰し徳川氏に仕え、子孫の角助、角兵衛らは本坂村に住み帰農した。佐野郡大池村（掛川市）の後藤氏は江戸初期より続き、化政期に算学者後藤乙蔵美之が出た。

駿東郡沢田村（沼津市）の後藤氏は享禄（1528―32）の頃、善右衛門といい、天文、天正頃、修理之助は葛山氏や今川氏に属し、富士郡の次郎左衛門は武田氏に属したという。小泉村（富士市）の芝切人後藤惣右衛門や武田氏に属した比奈村（富士市）の後藤次郎左衛門はこの一族か。伊豆の後藤氏は北條氏に仕え、永禄初期、兵衛三郎は奈古谷、多田（韮山町）、惣右衛門は月ヶ瀬（天城湯ヶ島町）を知行する。『翁草《おきなぐさ》』に鎌倉期、後藤兵衛真基、新次真次が伊豆国内を領したとあるが明らかでない。

近藤（こんどう）

近藤姓は県ランク54位、浅羽町は町ランク４位。全国では33位。近藤姓の発祥は藤原秀郷の後裔脩行が近江国に住んだからとも、また近江掾《じょう》であったからともいうが、近江の近と藤原の藤をとって近藤とした。脩行の孫景親は駿河権守となって駿河国に来住し、その子景重は島田八郎大夫と称した。景重の子国澄は近藤八、孫国平は近藤七と名乗り、田方郡長崎村（韮山町）に住み、源頼朝の挙兵時、その旗下となって活躍し、伊豆近藤氏の祖となった。『平家物語』『東鑑』などに、四郎国高、四郎国澄、近藤七国平の名がみえ、国澄は年貢運送の為に南海道から舟で上ったともある。景重の弟、二郎景頼は近藤武者と称し、その子能成は近藤太と称し、遠江気賀（細江町）近藤氏の祖となる。

引佐郡気賀の近藤氏は明治まで連綿と続き、能成の後裔石見守庸用は初め今川氏に属して井伊谷（引佐町）３人衆と呼ばれ、その子石見守秀用は永禄11年（１５６８）徳州家康に従い井伊氏の跡を与えられ、弟用継は花平石岡近藤の祖となる。秀用の子、登之助季用は金指近藤氏の祖となり、季用の弟、用可は気賀近藤氏の祖となり、その弟用義は井伊谷近藤氏の祖となり、用可の直系は幕臣であったが代々気賀に住み気賀の関所を管理し、また用可の子用行は大谷近藤氏の祖となり、子孫が内野村（浜松市）に移り内野近藤氏となった。永禄の頃、今川家臣に近藤十郎左衛門があり、天正（１５７３―９２）の頃、高天神城兵に武助や式部、金谷宿住人に天正期、五郎右衛門などがある。

《さ》

佐々木（ささき）

佐々木姓は全国では14位という大姓であるが、県ランク97位。佐々木姓は古代御名代《みなしろ》の雀《ささき》から発祥したといい、佐々木山君の後裔で沙々貴《さ さ き》神社を氏神とする阿部氏流や近江国佐々木郷発祥の宇多源氏流の佐々木氏などがある。

佐々木秀義一族は源頼朝の挙兵に味方して平家追討に武功を立てたので近江国の他、各国の守護となって栄えた。賀茂郡吉佐美村（下田市）に永保（１０８１―８４）の頃、近江源氏佐々木三河守良縄の子、遠江守縄則が来住したと伝え、久安年間（１１４５―５１）多々度浜（下田市）に押し寄せた八丈島の海賊を追い払った伊豆の豪族中に佐々木氏があるという。城東郡桶田村（掛川市）で代々庄屋をつとめた佐々木氏は南北朝期の佐々木道誉の子、五郎左衛門定詮ら一族が京都から来住して土着したという。秀義の子定綱の後裔、高長は笠原庄（袋井市）に住み後に三河国松下郷へ移住する。

佐藤、左藤（さとう）

佐藤姓は1～2位の大姓だけあって、その数も多い。市町ランクでは中伊豆町は1位、県ランクは6位。佐藤姓の発祥には諸説があるが、平将門を討った藤原秀郷の子孫という事は一致している。秀郷が下野国佐野庄に居住し、佐野藤原が佐藤となったという説と、秀郷の後裔公清が左衛門尉となり、左藤と称したが後に縁起をかついで左を吉祥文字の佐にかえたという説や、秀郷の孫文脩の子が佐渡守となったからとも、公清の父が豊後佐伯氏を名乗ったからともいう。

伊豆の佐藤氏は鎌倉期以降栄え、相模北條氏に属して伊豆衆21家に数えられた。嘉吉元年（１４４１）熱海の豪族佐藤信頼は小田原城主大森氏頼に仕えた。大見村（中伊豆町）の佐藤四郎兵衛は延徳3年（１４９１）、北條早雲が伊豆を侵攻した時、大見3人衆の1人としていちはやく従い、一族に藤左衛門、七郎左衛門がある。永正（１５０４－２１）の頃、兵衛太郎があり、永禄初期、図書助は長崎郷（韮山町）を知行。天正18年、左衛門尉は伊豆山中城（三島市）を守備して豊臣軍と勇戦し、城将松田康長らと共に落城に殉じ、子孫は八幡村（中伊豆町）に永住したという。

賀茂郡岩科村（松崎町）の佐藤氏の祖は熊野より来住し、この地の熊野権現は佐藤氏の氏神と伝えられ、天文11年（１５４２）の棟札に左衛門尉藤原延行の名がある。近隣の加納村（南伊豆町）の神主佐藤氏はこの族裔であろう。

安倍郡有永（静岡市）の佐藤氏の祖、佐藤加賀守は戦国期、武田氏に仕えたが武田氏滅亡後、この地に閑居し、子孫は土着したという。この先祖は源義経の郎党、佐藤継信、忠信兄弟とも、また忠信の叔父信重とも伝えいう。また、天文の頃、今川義元家臣に佐藤又市があり、安倍郡日向《ひなた》村（静岡市）の陽明寺を開基した佐藤氏がある。江尻（清水市）の佐藤氏の初代弥右衛門康信は戦国末期、伊勢国松坂から移住したといい、子孫は代々、名主町頭。佐藤勘右衛門継成は寛永9年（1632）、初代駿府町奉行。志太郡上青島（藤枝市）の岩本氏の先祖の岩本三郎左衛門は、佐藤憲清8代の孫佐藤国憲が改名したと伝える。浜松連雀の佐藤氏は代々本陣職をつとめ、佐野郡五明《ごみょう》村（掛川市）の佐藤利兵衛は江戸初期の草分けの一人。

佐野（さの）

佐野姓は富士川沿いの富士、富士宮市に密集し、県ランク12位で、富士宮市、芝川町はランク1位、富士川町はランク2位。藤原氏足利氏流は下野国安蘇郡佐野庄より発祥。

富士浅間神社大宮司富士義高の子、源右衛門義正は天子岳西麓の駿河佐野（芝川町か）に住み、富士氏一族と共に南朝に尽くし、その子らは楠氏に従い義正の4代孫経光は足利氏に属し、上佐野村に住むという。建武年間（1334―36）、都より落ちてきた佐野則安が島田伊太（島田市）に住み、天正（1573―92）の頃、子孫に源左衛門則方や徳川家康に属した源五右衛門常弘がある。常弘の子孫は伊太村の郷土となり庄屋職をつとめた。この先祖については諸説があり、北條時頼が下野国山本宿で旅僧として泊まった時、愛蔵の鉢木を薪として燃やした話で名高い佐野源左衛門常世の後裔で、時頼の意を受けてこの地に居住したという伝説もあるが、南北朝期、常世の曽孫藤次則氏が北朝方足利氏に属して、この村を領知したというのが通説のようである。

富士郡蓼原（富士市）の佐野氏の先祖の佐野源右衛門は、主家前北條氏の滅亡後この地に来住、上野村（富士宮市）の佐野氏の先祖はもと工藤を称し、天正年間、大石寺に来り後、佐野氏と姻戚となって佐野を称したという。袖師（清水市）の佐野氏は正保年間（1644−48）、領主曽我氏に仕え下総国より水戸島（富士市）に移住し、後にこの地に定住した。この先祖は藤原氏流の足利家綱で代々下総国佐野庄に居住し、地名を称したという。長貫村（芝川町）の佐野氏は西山本門寺を建立した大内安清（日代）の孫佐野雅楽助を祖とし、永徳年間（1381−84）、来住したという。源平合戦の末期、平清盛の孫維盛は熊野で入水自殺したと史実にあるが、実はひそかに富士郡上稲子（芝川町）に落ち、上稲子の佐野氏の遠祖佐野主殿頭は維盛に随従した家臣の1人であったという伝説があり、また、その先祖は讃岐守盛次ともいう。この他、永禄初期の今川家臣佐野金十郎、精進川村（富士宮市）を領した弥八郎、永禄12年（1569）江尻（清水市）城主の穴山信君に属して興津と松野と内房郷（芝川町）を領した弥左衛門、黒田村（富士宮市）を知行した左京亮など富士郡下の佐野氏は数多い。

　北條家臣の佐野藤左衛門は永禄初期、田方郡奈古谷（韮山町）を領知したが、これ以前の貞治元年（１３６２）佐野太郎基綱が宇久須村（賀茂村）を領したとある。この太郎は『東鑑』にみえ、足利有綱の嫡男で佐野村（三島市）が発祥地という。遠江の佐野氏は、佐野郡から起こったといわれ、城飼郡に佐野将監弘政があり、この子孫に大和国吉野郡の豪族佐野氏がある。豊田郡家田村（豊岡村）を天正年間（１５７３—９２）に開発した佐野氏は武田遺臣で、子孫は代々庄屋をつとめた。

斎藤（さいとう）

　斎藤姓は県下全域に分布するが清水、沼津、伊東市では市ランク1桁台、富士川、松崎、豊田町では町ランク3位に入る。県ランクは14位。全国では10位で、藤姓の中では3位という。斎藤姓の発祥は鎮守府将軍藤原利仁の子、叙用《のぶもち》が斎宮頭であったので、子孫が姓と官職名の一字ずつをとって斎藤と称したという。

　沼津の妙覚寺の開基日安は俗名を斎藤弥三郎利安といい、斎藤実盛の子範房の孫で平維盛の子6代妙覚の家臣であったという。また、範房の兄弟の斎藤五宗貞、斎藤六宗光兄弟は妙覚に仕え、妙覚が誅された後、その首を持って沼津の地に葬り、庵を結んで弔ったと伝える。叙用4代の孫、則光の後裔、左衛門尉助遠も駿河国に住むという。蒲原に住んだ斎藤弾正入道道斎は応永の乱（1399）に参陣し、後に『今川記』を著し、駿府には永享の乱（1438）に今川範政に従軍した斎藤加賀守があり、丸子城主加賀守安元は今川義忠、氏親に仕え、連歌をよくし宗長の『宇津山記』にもその名がみえる。天文年間（1532―55）、小柳津村（焼津市）を領し花倉の乱で没落した四郎右衛門、今川義元家臣の佐渡守元清、その子弾正忠や道斎の後裔の勇右衛門、桶狭間戦で主君今川義元に殉じた掃部助利澄などもある。この他、上井出村（富士宮市）に代々土着して武田氏に属し、後に徳川家康に従った半兵衛尉昌賢、弥左衛門の一族や天正の頃、武田氏に属した原（沼津市）の豪農斎藤氏、江戸初期、島田を開発して道悦島の名を残した青島（藤枝市）の斎藤道悦など駿河斎藤氏は数多くある。

遠江の斎藤氏は文永（1264―75）の頃、茂原の斎藤遠江守兼綱があり、南北朝期の貞和の頃、足利直義に従った竹下村（金谷町）の左衛門大夫、観応2年（1351）村櫛村（浜松市）の地頭職に越前守利泰がある。永禄年間（1558―70）、遠江中村（大東町）の修理大夫宗林は今川氏に仕え、後に武田、徳川氏と転属し、小笠原氏助らと高天神城（大東町）を守備し、落城後、駿府に閑居した。子の左近、右近は父を弔って駿府に宗林寺を再建し浜松藩に仕えた。日坂宿（掛川市）の斎藤氏は源氏の末裔で、もと古田氏を名乗り、大坂落城後この地に移住したといい、武家ならば太田、町人ならば斎藤と姓を変えよといった先祖の言葉を守り、斎藤姓を名乗ったと伝える。市野村（浜松市）の斎藤氏は遠祖を永江信興といい、初代の兵五郎泰俊が江戸初期、三河国から移住したという。伊豆三島宿の斎藤氏は伊豆国守在庁時より鋳物師としてつづき、北條家臣の斎藤又次郎は永禄初期、梅名（三島市）を知行、幕末期、戸田村で幕府がロシア軍艦ディアナ号の代船を建造した時、造船御用係に選ばれた地元民の中に斎藤雅助、周助がある。

酒井（さかい）

酒井姓は県ランク98位、全国ランクもほぼ同位。相模国大住郡酒井郷より起こるは波多野氏流、三河国碧海郡酒井村より発祥は清和源氏和田氏流で、子孫は徳川譜代大名として栄えた。

遠江住人で足利氏流酒井小太郎定勝は、康正2年（1456）、房総里見氏を頼り上総国に移住した。戦国期、今川家臣に酒井惣左衛門尉、右京進。永禄12年（1569）、今川氏真の近臣に酒井極之助がある。三河の酒井将監忠尚は一向宗の乱の時、三河上野城にこもり、翌年、駿河に落ち、子の作右衛門尚昌は武田信玄や江尻城主穴山信君に仕え、後に徳川家康に仕える。三河酒井氏は備後守忠利が慶長6年から8年半、田中城（藤枝市）主となり、一族の日向守忠能が延宝7年から3年間、田中藩主。兵七郎正次は江戸初期、駿府、田中城代となり寛永元年、駿河大納言忠長に付属する。沼津の酒井氏は天文期（1532―55）の大越家最勝法印より代々漢方医としてつづき、大越家法印を称した。

坂本（さかもと）

坂本姓は県ランク155位。藤原氏流工藤祐経の孫祐氏が坂本北條八郎、弟祐広が坂本南條十郎と称すが、坂本（韮山町）より発祥か。武田家臣の清和源氏佐竹氏流の坂本兵部丞貞次は田中城を守り、天正10年（1582）徳川家康に仕え田中城代となり、山西（志太郡下）代官となる。志太郡伊久美（島田市）の坂本藤右衛門は元和年間（1615―24）近江国唐崎産の茶樹の種子を植え、子孫の藤吉は天保8年より宇治の緑茶製法を研究し製茶技術の改良に尽くした。

榊原（さかきばら）

榊原姓は全国では400位台だが、県ランク150位。清和源氏流榊原氏は源義国の後胤、仁木右京大夫義長の後裔次郎七郎利長が、伊勢国壱志郡榊原に住み榊原を称したのに始まる。利長の孫七郎右衛門清長は伊勢国から三河国に移住して松平親忠に仕え、子七郎右衛門長政から代々徳川氏に歴仕した。長政の子の孫十郎清政は慶長12年（1607）、駿河久能城の守衛を命ぜられ、子の大内記照久は徳川家康に仕え久能（静岡市）に住んで久能榊原氏の祖となり、東照宮造営後神主となる。寛永9年（1632）、照久は田方郡寺家村（韮山町）の八幡神社を築造し、元和2年、北条（韮山町）の館で家康の夢のお告げがあり、清久を照久に改名したという。この子孫は久能山の守護役をつとめ1800石を知行した。清政の弟、式部少輔康政は徳川4天王の1人に数えられた。

藤原氏族井伊氏流の榊原氏は、奥山行道の裔、篠瀬作右衛門吉次の二男作大夫直政が榊原を称す。江戸後期、『駿河国志』の著書に駿府勤番の榊原長俊がある。

櫻井（さくらい）

櫻井姓は県ランク63位。天武天皇の皇子長親王の孫に櫻井王があり、同一人かわからないが往古榛原郡白羽根村（御前崎町）に遠江牧の長官櫻井王があったと伝えられ、その末裔が地頭方村（相良町）に住んだという。平安中期、遠江介櫻井田部があり、応仁2年（1468）、地頭方村（御前崎町）釣月院を開基した櫻井蔵人、南北朝期の遠江木寺宮家臣に源兵衛、今川家臣に監物、高天神城小笠原衆に櫻井源吉や九郎右衛門がある。櫻井遠江守家広は三河桜井庄から浜松庄に移住し、慶長5年（1600）、西道寺を開基し、慶長期、永代伏方村（榛原町）に移住した四郎左衛門は15万石の地を開拓し、子孫は庄屋を世襲する。元禄年間（1688―1704）、相良村に平次郎、享保元年、勝間田村（榛原町）に孫兵衛、幕末期に中泉代官久之助知寿などがある。

長禄年間（1457―60）、駿府の大正寺を創建したのは信濃諏訪の住人と伝えられている櫻井正順、駿河片山（静岡市）の櫻井氏の先祖は加賀守入道と伝えられる。藤枝を開発し七社明神に祀られている7氏の中に櫻井氏があり、益頭庄（焼津市）の櫻井氏の祖は今川浪人であった櫻井次郎右衛門といい、天正年間（1573―92）、徳川家康よりこの地を賜り子孫永住したという。駿東郡原（沼津市）の櫻井氏は天文（1532―55）の頃から住み、藤左衛門は武田氏に属したが、後に一族の市左衛門は寛文の頃、高田村（沼津市）を開拓して高田姓に改めたという。

櫻田（さくらだ）

櫻田姓は県ランキング273位、清水市特有の姓。桓武平氏北條氏流の櫻田氏は相模国から起こり、北條時頼の子時厳が櫻田禅師と号し、その子師貞が櫻田七郎、その弟、治部大輔貞国も櫻田を称したという。江戸時代、正保年間（1644―48）伊豆下田に櫻田与三右衛門信行があり、代々船改め番所問屋をつとめ、子孫の与惣右衛門の三男下岡蓮杖は米人ヒュースケンより下田で写真の原理、技術を学び弘化元年（1844）撮影、現像、定着に成功し、写真術の先駆者として知られる。下岡の姓は下田岡田村にちなんだという。

澤田（さわだ）

澤田姓は全域に分布し県ランク281位。伊勢神宮内宮の禰宜家澤田氏は荒木田氏の嫡流の一家。遠江の澤田氏は佐野郡澤田村（掛川市）より起こる。今川義元家臣の澤田長門守忠頼は天文年間、駿東岡宮（沼津市）の砦を守り、永禄3年（1560）、桶狭間の戦いで討死し、一族の外記は今川氏没落後、武蔵国多摩に移住したという。寛文の頃、久能勤番士に澤田氏がある。

《し》

志村（しむら）

志村姓は県内全域に分布し県ランク265位。武蔵国豊島郡志村から起こった武蔵児玉党の後裔もあるが、清和源氏小笠原氏流は伴野太郎時直の流裔、右近丞真武が信濃国佐久郡志村に住んで姓としたという。この一族は大永（1521―28）の頃、甲斐国に移り、武田家臣に志村宮内丞光家、又左衛門尉貞盈などがある。慶長7年（1602）、志村甚之助は麓金山（富士宮市）の一部を領有した。

清水、志水（しみず）

清水姓は全国では18位というが県ランク31位、三ヶ日町は町ランク2位。清水の地名は全国ランク2位といわれる。清和源氏流は美濃国の山県先生国政の子頼兼が祖。伊豆の清水氏は志水とも書かれ、代々相模北條氏の重臣で伊豆衆筆頭として北條水軍の総大将。北條氏康は下田領主朝比奈知明の後嗣がなかったので、清水小太郎を下田領主とし、その子孫は下田城主を世襲した。その子、太郎左衛門正次は北條新三郎に属し、永禄12年（1569）、蒲原城で討死し、その子上野介康英は天正18年（1590）、下田鵜島城を守り、豊臣方九鬼水軍と善戦したが開城し、後に上河津（河津町）の三養院で剃髪したという。

一族に妻良（南伊豆町）の淡路守もある。この清水氏の祖は『太閤記』には伯耆国から出たとあるが、『基氏伝帖』に延元2年（1337）、氏島城主（下田市）に志水長門守をのせているからこの後裔か。文亀3年（1503）小下田村（土肥町）に藤原朝臣清水太郎左衛門定吉、天文2年（1533）逆川、筏場（河津町）代官に清水右京亮藤原吉政があるので、藤原氏流とも思える。

庵原郡茂島、葛沢村（清水市）の清水氏は、北條家臣清水太郎左衛門（正次か）の裔孫といい、北條氏滅亡の時、一族は分離し後にこの地に隠住したという。沼津の清水氏の祖も清水正次と伝えられ、北條滅亡後、正次の子助左衛門盛次が文禄3年（1594）、沼津に移住し、子孫は助左衛門を名乗り代々沼津宿の本陣をつとめたという。

木曽氏流清水氏は三河国保美郷に住んで初め上松《あげまつ》を称したが、後に清水に改め、清水政晴、政吉父子は今川義元に属したが後に徳川家康に仕えた。また、天正2年（1574）、高天神城（大東町）に籠城した清水善兵衛は開城後、大須賀康高に属し、元和9年、平野村（掛川市）を開発した源左衛門は大坂浪人という。駿河大納言忠長に仕えた藤原氏流の戸田五郎左衛門一政は後に処士となり、清水（清水市）に閑居して清水を姓にしたという。

塩川（しおかわ）

塩川姓は富士宮市が全数の50%を占め、県ランク３００位。全国では１２００位台。藤原氏流は藤原山蔭4代孫、満任が塩川を称し、後裔は三河松平氏に仕える。尾張国の塩川一族は戦国期、織田氏に仕えたが、その祖は摂津国塩川村より起こったという。塩川惣兵衛と儀右衛門らは天保5年（１８３４）、富士郡野中（富士宮市）の野中用水を完成させた。

篠原（しのはら）

篠原姓は県ランク２５６位。今川家臣の篠原刑部少輔は興津郷、勝田郷（榛原町）を領し、花倉の乱に今川良真（義元の兄）側に属し今川義元方に敗れる。富士郡大鹿（芝川町）の篠原氏は甲斐国巨摩郡篠原庄より起こった甲斐篠原氏の出で、先祖の篠原荘右衛門は武田氏滅亡（１５８２）後、この地に土着し、長男は大鹿窪村、次男は久保村、三男は猫沢村に住み庄屋となる。駿河大納言忠長の家臣篠原小左衛門は寛永元年より同10年駿東郡代となる。

柴田・芝田（しばた）

柴田姓は県ランク55位、新居町は町ランク3位。芝田姓は藤枝市周辺に分布する。三河国額田郡柴田郷発祥は清和源氏小笠原氏流。榛原郡岡田村（島田市）の柴田氏は越後柴田氏の末裔で、清和源氏流の斯波修理大夫義勝が越後新発田《しばた》城に居住し柴田を称したという。織田信長の重臣柴田権六勝家の孫、市郎右衛門勝清は尾張国に生まれ、後に遠江国に来住し、子の惣兵衛正勝は岡田村（島田市）に住んで島田鍛冶五條駿河守広助の娘を妻とした。長禄2年（1458）、光明寺（天竜市）に洪鐘を寄進した柴田元貞や永禄の頃、今川氏に仕えた柴田権太兵衛、天正初期、高天神城（大東町）城兵に柴田清助がある。周智郡浦川村（佐久間町）の柴田氏は正徳（1711－16）の頃から大庄屋をつとめ、庵原郡原（清水市）の柴田氏の先祖の芝山権左衛尉は今川滅亡後、安倍奥に隠れ、のち原村に移り柴田と改め、代々権左衛門を称し、5代子孫の安貞（黙翁）の子庸昌（慈渓）は書道、囲碁に長じ、一族の正平（泰山）は幕末期画人として名をなす。

島田（しまだ）

島田姓は県ランク272位、全国では38位。往昔より駿河国島田が栄えたのでほとんどの島田姓がこの地名にゆかりをもっている。駿河の島田氏の祖は美濃国発祥の清和源氏で、土岐頼清の孫、満貞は兄康行と不和の為、今川了俊に従って応永年間（1394－1428）後に島田に住み島田伊予守と称した。その子満名は島田五郎と名乗り遠江国に居住したが、後に伊勢国に移り、満貞の子、島田新三郎安達の子定直は三河国に住んで菅沼に改姓したという。今川義元家臣の島田弥九郎や桶狭間の合戦（1560）で主君義元に殉じた左京進将近はこの一族か。

藤原氏裔の島田氏も志太郡島田（島田市）より起こり、藤原秀郷の後裔、近藤脩行の孫景親は島田権守、駿河権守となり、その子島田八郎大夫景重は伊豆国長崎村（韮山町）に移住し、その子近藤八国澄は源頼朝に仕えて近藤氏を称したが、国澄の子景頼（景重の弟ともいう）は島田二郎と称し伊豆島田氏の祖となる。

島田の刀鍛冶、初代の島田義助は戦国期の人で、これより6代義助を名乗り、一族の広助らと共に刀工島田氏の名を世にあらわした。清和源氏武田氏流の島田氏も駿河島田から発祥し、源義光の後裔、島田伊勢守康道は島田庄に住んで足利尊氏に仕え、その末裔外記康成は永正年間（１５０４―２１）、甲斐に帰り武田信虎に仕えた。

白井（しらい）

白井姓は県ランク１５４位。甲斐国八代郡白井郷から起こった白井氏のほか諸流がある。下総国白井庄発祥は桓武平氏千葉氏流。三河白井氏は戸田氏流で吉田10騎の１つと呼ばれ、はじめ今川氏に仕えたが、後に徳川家康に仕えた。天文年間（１５３２―５５）、富士郡今泉村（富士市）に白井四郎右衛門、永禄の頃、志太郡白井村（島田市）土着の士に白井源太があり、天正年間（１５７３―９２）、駿東郡二杉村（御殿場市）の北條家臣白井加賀守は笠原氏に属し、仁杉伊賀守と兄弟ともいう。

白鳥（しらとり）

白鳥姓は静清地域に密集し、静岡市が全数の90％近くを占め、県ランク181位、全国ランクは800位台という。日本武尊が死後、白鳥と化したという白鳥伝説があり、尊の御陵を白鳥陵、その祭神を白鳥神社といい、各地に白鳥の地名がある。安倍郡門屋村（静岡市）の名主家白鳥氏は天領36ヵ村の総代となり、その先祖は徳川家康の鷹狩りの伴をし江戸時代、狩場の管理をつとめ、大沢村（静岡市）の白鳥氏は代々名主をつとめ、ともに先祖は信濃真田氏の旧臣という。柿島村（静岡市）の白髭紳社の神官家白鳥氏は伊勢流神楽の普及に尽くした。この村の土豪朝倉氏の祖は越前朝倉一族の白鳥平太夫の子、朝倉孫三郎というから朝倉氏と関係あるか。

新村（しんむら、にいむら）

新村姓は県ランク201位。新村は新しくできた村という意味で各地にある。信濃国筑摩郡新村より起こったのは清和源氏流とも、諏訪神族ともいう。南北朝期、駿河の一部を領した脇屋義助に属した新村長右衛門があり、その子孫の左近衛門は有度郡用宗村（静岡市）の内を領し、新太郎は天文五年（1536）に熊野神社を祀ったという。慶長五年（1600）上杉氏追討の際、駿府城主中村一氏に代わって弟の沼津城主中村一栄が参戦した時、駿河新村氏は従軍したという。

榛葉（しんば）

榛葉姓は掛川氏独特の姓で市ランク7位、県ランク196位。全国では5000位に近い小数姓という。榛は萩と同じくハンノキ（赤楊）であり、蓁とも書き、榛葉はハリバ、ハイバとも読み、榛（蓁）原から転化したものか。信濃国の小笠原氏4天王の1人に榛葉氏があり、天正12年（1584）、榛葉藤八郎は志太郡下湯日村（島田市）東泉寺を開基、遠江の榛葉九蔵は徳川家康に属したという。日坂宿（掛川市）の横手新田を享保（1716―36）の頃支配したのは榛葉半左衛門といい、この頃垂水村（掛川市）に榛葉五平次がある。

《す》

菅沼（すがぬま）

菅沼姓は全国では600位台にあるが、県ランクでは191位、湖西市ではランク3位。菅沼氏には諸流あるが、駿東の藤原氏族大森氏流の菅沼氏は、鎌倉初期、怪僧といわれた菅沼五郎蓮心の後裔で、その子快円は菅沼三郎、快円の弟忠茂は菅沼三郎入道と称したというが、駿東郡菅沼村（小山町）の地名を称したのであろう。

三河発祥の菅沼氏は清和源氏土岐氏流で、三河国設楽郡菅沼村より起こる。島田満貞（島田の項参照）の孫定直が藤原姓菅沼俊治を討って菅沼信濃守と改めたといい、その孫定信は三河国額田郡菅沼村を領し、子孫は田峯菅沼氏と野田菅沼氏と長篠菅沼氏に分かれ、ともに初め今川氏に属し後に徳川家康に仕えた。野田系は織部正定則より新八郎定盈まで川合、高部(袋井市)の2郷を領し、重左南門定平は天正元年(1573)、秋山城(豊岡村)を守る。長篠系は井伊谷3人衆といわれ、菅沼俊弘の子元景、その子次郎右衛門忠久父子は井伊直親に属し、子孫は代々井伊家に仕えた。

杉浦(すぎうら)

杉浦姓は西部特有の姓で県ランク85位。全国で180位ぐらい。三河杉浦氏は桓武平氏三浦氏流の杉本八郎義国の後裔。義国は鎌倉幕府に仕えた父、和田義盛滅亡の時、近江国に蟄居したが、三浦の浦と杉本の杉をとって杉浦と名乗ったといい、また延徳年間、三河国に住んだ和田八郎政重も杉浦を称したという。金谷の大井八幡神社由緒によると、この神社は榛原郡五和村(金谷町)の住人、杉浦作之丞が宝亀年間勧請したとあるが、この頃、杉浦姓があったとは思えない。作之丞の弟、作左衛門は神尾村(金谷町)に分家して天王沢と改姓したという伝承もある。

永禄初期、今川家臣に杉浦掃部助があり、天正2年(1574)、高天神城(大東町)に籠城して武田軍と戦った小笠原衆に杉浦能登守や源七郎、左大夫、一学などがあるが三河杉浦氏か。この一族は後に徳川家康に仕え、三方原戦に武功をあらわした。遠江杉浦氏は義国の後裔信定が諏訪神社大祝前田氏の女婿となり、その養子家盛の実子家定と養子家忠の子孫は3系統に分流という。慶長（1596―1615）の頃、浜松十王町の名主職をつとめた杉浦右衛門は家忠系で、幕末期の杉浦彦惣まで代々本陣職をつとめた。江戸時代、浜松から出た国学者、杉浦国頭《くにあきら》は渡辺氏に生まれ、家定系の諏訪神社神官杉浦氏を継ぎ、遠州国学の始祖となった。妻真崎は恩師荷田春満の姪で、ともに国学に通じ和歌に長じた。駿河には久能山社家の杉浦氏があり、また北條家臣で永禄12年（1569）、蒲原落城の時、討死した杉浦氏もある。

杉田（すぎた）

杉田姓は静岡市に多く、県ランク249位。相模国鎌倉郡杉田村から起こるは藤原氏流杉田氏、甲斐武田家臣の杉田氏は多田満秀から出た宇多源氏佐々木氏流。永禄初期、今川義元家臣に杉田瀬十郎、元禄13年（1700）有度郡用宗村（静岡市）に杉田倉左衛門源忠察があり、また、沼津藩水野氏の国家老に安永年間杉田伊太夫勝興がある。

杉村（すぎむら）

杉村姓は中部に密集し、中でも島田市が最多で県ランク139位。田方部大仁村（大仁町）の洞泉院は慶長年間（1596―1615）、杉村氏の創立といい、その子孫と思われる杉村氏は江戸末期、宿本陣となる。志太郡井口村（島田市）に江戸後期、杉村氏があり、駿河、遠江に古くからあったといわれるが、史書に登場しない。

杉本（すぎもと）

杉本姓は県ランク25位、全国では150位ぐらい。藤枝、裾野市は市ランク1桁に入る。飯渕村（大井川町）の杉本氏は相模国鎌倉郡杉本村から起こり、源頼朝の挙兵に尽くした桓武平氏三浦大介義明の子、杉本太郎義宗の後裔、杉本五郎左衛門の裔孫といい、応永年間から連綿と続き、代々、名主職をつとめた。義宗の子和田義盛が北條義時に滅ぼされた時、幼子3人は家臣に守られ山田（三島市）、久米田（清水町）、下和田（裾野市）に隠れ住み子孫は杉本を称し、永禄期より里長をつとめ、杉本八郎左衛門、弥三郎は北條氏に属したという。駿府の大工棟梁花村長左衛門長重の弟子の杉本七郎左衛門は元和（1615—24）の頃、御被官大工となった。

杉山（すぎやま）

椙山とも書く。杉山姓は静岡、清水、沼津、三島市、金谷、伊豆長岡町などはランク2～3位に入り、県ランク4位の大姓である。榛原郡川根徳山（中川根町）城主土岐氏は南朝方に味方し、北朝方の今川範氏の為に落城したが、家老の杉山氏はこの地に隠棲し、日掛や文沢地区（中川根町）の杉山氏はその末孫と伝えられる。この同族か分からないが、遠江杉山氏は信濃望月氏の後裔ともいい、天文年間（1532―55）、今川氏に属した日坂（掛川市）城主、杉山治大夫や右近大夫がある。安倍郡俵峰村（静岡市）の杉山氏は清和源氏流で、源平合戦の寿永（1182―85）の頃から続き、先祖は越前の杉山右近将監照久といい、8代孫照吉は足利尊氏に仕え後に伊豆戸井村（土肥町か）に移る。その孫、太郎左衛門尉利長は今川義忠に仕え、俵峰を新開し、安倍7騎の1人となり、その子、利雪、利道まで今川氏に仕え、利道の子小兵尉利春は武田氏に属して駿河金山衆となり、武田氏滅亡後、俵峰に永住したという。

藤原氏流駿河守高則の10代孫、若狭守宗広は正安2年（1300）、下和田（裾野市か）に来住、ついで元吉原に移り、後に津浪のため吉原駅に移住し、脇本陣を営んだ。後裔の応助宗義は江戸に出て草津代官石原氏に仕え、その子帰一は長崎でシーボルトに蘭学、医術を学び、天保飢饉の時帰郷して蘭方医業を続け、2代目帰一もその跡を継いだ。宗義の後の吉原杉山氏は養子徳義が継ぎ代々平左衛門を称した。有度郡高松村（静岡市）に永享年間（1429―41）、杉山新左衛門があり、子孫はこの地に永住した。天文末期、駿東郡泉郷（清水町）住人の杉山善二郎、縫殿助は今川氏に属したが、近郷の一色村（長泉町）の杉山氏の祖は本姓上杉氏で、甲斐国杉山に住んで杉山姓を名乗ったという武田旧臣で、武田滅亡後、この地に来住したと伝える。今川義元に属した杉山惣兵衛は天文14年（1545）井出郷（沼津市）を領し、後に武田氏に属し、また今川旧臣小兵衛は志太郡三輪（岡部町）を知行した。

伊東の杉山氏は工藤伊東氏流といい、延徳年間（1489―92）宇佐美（伊東市）の安立寺を創立、永禄初期、原木村（韮山町）を領した北條家臣杉山彦五郎がある。土肥（土肥町）の杉山氏は藤原氏の流裔といい、土肥杉山（相模土肥か）に住んで杉山を称し、重政の子和一は盲目の為鍼冶の業を修めて4代将軍家綱に仕え総検校となり杉山流鍼灸術の祖、子孫は旗本となった。鎌倉初期、源義経の郎党で活躍した熊野出身の鈴木三郎重家は義経を追ったが間に合わず、三保から舟で江梨村（沼津市）に着き、杉山と改姓して、この地に土着したという。重家の事は史実と違っているが、熊野鈴木氏が江梨に来住し天正期（1573―92）その4天王に杉山小左衛門があった事は確かという。白隠禅師の父はこの裔孫と伝える。大竹村（函南町）の杉山氏の祖五郎左衛門は武田氏に仕え、主家滅亡後、三島にひそみ後に大竹村に移住したという。

鈴木（すずき）

鈴木姓は全国第1の大姓で、県ランクも1位。各市町でもランク1位はほとんど鈴木姓である。スズキ姓の中に鱸《すずき》姓もあるが、その系統は鈴木氏と同流という。

鈴木姓の発祥は紀伊国熊野といい、物部氏族穂積《ほづみ》氏の後裔と伝えられる。伝説によると、孝昭天皇のとき、紀伊の山奥千尾峰で、漢司符将軍の嫡子真俊が、榎の本《もと》に権現を勧請して榎本姓を賜り、弟の二男基成は猪子《いのこ》と餬餅を捧げて丸子《わにこ》（宇井）姓を賜り、三男基行は御秼《みまつ》として稲穂を捧げたので穂積姓を賜ったといわれ、鈴木氏は穂積の後裔という。『鈴木家譜』には鈴木基行より20余世を経て鈴木判官真勝があり、その末裔、重包は熊野八庄司の魁となり、その後裔、重邦は源為義に従い、その子を重倫、その子を鈴木三郎重家、亀井六郎重清という。この兄弟は源義経の郎党となって活躍した。しかし、発祥に他説がない訳ではない。高倉下命《みこと》の後裔、羽鷲という人が初めて鈴木姓を称したとも、祖は重基ともいい、重家以前は諸説がある。鈴木姓については稲穂を積んだもの（穂積）を熊野地方ではスズキと呼んだので、穂積（ホツミ）→穂積（スズキ）→鈴木に変わったといわれている。

　熊野発祥の鈴木姓が全国的に繁延したのは、熊野神が至る所に勧請され熊野信仰の布教の為に鈴木氏が随従して各地に移住したからという。「熊野宮のあるところ鈴木あり、鈴木の住む所熊野神あり」の言葉は熊野宮が全国に約３０００社（静岡県は昭和16年１３６社）あるという現代もそのまま当てはまる。鈴木氏の拡繁には、もう一つ要因がある。それは熊野水軍といわれた鈴木氏は海を利用して行動した事であり、これを裏付けるように太平洋岸の各地は特に多く分布している。鈴木姓が多いのは、今に始まった事ではなく昔から各地に多いので、整理上国別にして、簡記する。

　伊豆江梨（沼津市）の鈴木氏の先祖は紀伊国熊野藤白から船で渡ってきたと伝えられる。元弘元年（１３３１）、重家6代孫鈴木左京大夫繁伴は鎌倉執権北條氏に味方し、大塔宮護《もり》良親《なが》王を熊野で迎え討とうとしたが果たさず、建武中興後、故郷の藤白を捨てて江梨に来船したという。南北朝期に入り、足利尊氏の世となってから藤白に一旦帰ったが、尊氏、直義兄弟が戦った時、直義に属し敗れたので再び江梨に来航して逃れ住み、その後、上杉憲顕に属して江梨を領知し、鎌倉公方足利氏満の時、豆相両国の船大将となる。繁伴の子の左京大夫繁郷は西浦5ヵ村を領し、孫の兵庫助繁宗の時、北條早雲に従い北條水軍となったが、天正18年（1590）、豊臣水軍と戦い、繁義、繁康父子は北條氏と運命を共にして滅んだと伝えられる。

重家—重勝—重好—重時—重実—重伴（伊豆江梨郷）。繁伴（重伴）—繁郷—繁用—繁宗＝繁朝—繁顕＝繁輔＝繁義—繁康（弟繁持）。重家—重勝—重久—重盛（弟重世は伊豆住）—重光（繁允）（伊豆下田住）。繁郷—繁晴—繁宗—繁勝—繁朝—繁定—繁顚＝繁輔—繁義—繁康ともあり系図により相違があるので定め難い。

稲取村（東伊豆町）の鈴木氏は江梨の鈴木兵庫助の次男孫七郎繁時が正平17年（1362）移住し、北條水軍となり繁則、元繁、方繁とつづく。南伊豆海岸には江梨鈴木氏の来航直前の延元元年（1336）、青野（南伊豆町）摩原《すりはら》城主に関東執事畠山国清の麾下の鈴木大和守がある。

宇久須村（賀茂村）の鈴木氏は永正（1504—21）の頃から続くといい、後北條時代は土肥の富永氏に従い代々和泉守を称したので、文正年間（1466—67）より姓を泉に改めたというが、文禄3年（１５９４）の名主に鈴木和泉守景秀、文正2年、仁科村（西伊豆町）に禰宜鈴木西四郎、文亀2年（１５０２）浜村（賀茂村）に称宜鈴木利兵衛があり、また、元亀年間一色村（西伊豆町）に鈴木五郎左衛門などがある。幕末期、戸田村で幕府軍艦を建造した船匠の鈴木七助は、河津村〈河津町〉の出身で、長崎伝習所１期生、後に勝海舟と共に咸臨丸で渡米し、明治期に造船家として功績を残した。

また、北伊豆谷田村（三島市）の長泉守を天正年間（１５７３—９２）、再興したのは鈴木九郎左衛門で、慶長初期、三島宿脇本陣綿屋は鈴木氏という。

南北朝期、富士12郷を領し南朝尹良親王に尽くしたという鈴木越後守正茂、右京亮正久、右京大夫重政があり、伊豆下田に住んだ重光の弟重友の4代孫の重晴は、今川心省に従い駿河富士に居住、その弟重則は富士郡に住んで後に井出を称し、今川氏に仕えた。

永禄12年（１５６９）、北條新三郎に属し蒲原城で討死した但馬守重経は重光の子重邦の末孫で、子孫は由比、蒲原付近に住み、寛政年間、『蒲原記』を著した穂積重分はその後裔と伝えられる。享禄の頃、益頭郡（焼津市）に住み今川重臣小原肥前守に仕えて花沢城で討死した平左衛門、永禄初期の今川義元家臣の三郎兵衛、桶狭間で戦死した主水助重純、葛山氏に属し富士川渡しを修理した富士郡吉原（富士市）の新右衛門、弾右衛門尉、天正期、武田方に属して高天神城攻めに従軍した安倍郡の弥治右衛門など駿河鈴木氏も多彩である。

天文年間（１５３２—５５）、安倍郡下足洗（静岡市）に上土新田を開発した小笠郡の鈴木助兵衛良正の子助兵衛某は、浮島ヶ原新田を開発し、後に「助兵衛新田」と名付けたが、聞こえがよくないという事で、明治になってから桃里村（沼津市）と改名したという。藤枝の刀鍛冶鈴木市右衛門源重信は慶長19年（1614）、徳川家康の命により陣刀100振の製作を手伝い、子孫は代々重信を襲名し、幕末まで作刀をつづけた。

志太郡五十海村（藤枝市）の鈴木藤八は、関ヶ原の合戦の時、徳川家康に柿を献じ、それより「藤八柿」の名が世に出たと伝えられ、江尻城主穴山信君に属した惣七郎は鈴木島（島田市）を開発した。中之郷（静岡市）の鈴木氏は、永禄年間より代々藤左衛門を称し天正期（1573―92）は武田氏に属し代々里長を務め、慶長の頃、徳川水軍小浜民部の家老鈴木源左衛門は清水に住んだという。

駿東郡竹之下（小山町）の鈴木氏の祖は鈴木三郎左衛門重行の後裔で代々若狭守といい、永禄の頃、一族の和泉守は葛山氏に仕え、後に武田氏に属し、竹之下村（小山町）を知行した。新橋（御殿場市）の鈴木氏は若狭守の子孫といい、その地の里長をつとめた。庵原部内房村（芝川町）の浅間神社神主の鈴木刑部大夫は戦国期武田氏に招かれて紀伊熊野より来住したという。またこの他、駿河鈴木氏には元禄の頃、酒屋をはじめた袖師（清水市）の鈴木氏、江戸初期川根地方から移住した志太郡伊太（島田市）八幡宮神官の鈴木氏、久能山社家の鈴木氏など枚挙にいとまがない。

遠江鈴木氏は熊野住人鈴木重行の後裔重長（三河鈴木祖。重義、重善、重行という説もある）の弟重猶が遠江国に住んだのに始まると伝えられる。

蒲御厨（浜松市）の蒲大神宮の祠官鈴木氏は平安時代から住み、源平合戦の時は源頼朝の弟の蒲冠者範頼の縁で源氏方に随従したと伝える。山名郡木原村（袋井市）の熊野権現神主鈴木氏は鈴木三郎重吉の後裔で、天文期、鈴木因幡守吉勝、太郎次吉次、織部久秀があり、天正期頃から吉次は木原を称し、その子孫は幕臣となった。

永禄（1558―70）の頃、井伊谷3人衆の鈴木三郎大夫（重時）は徳川家康に属し遠州進入を手引きするが、先祖は室町末期、井伊谷城（引佐町）に来住したという。元亀の頃、遠江国一の宮小国神社（森町）の神官鈴木豊前守藤原重勝の遠祖清原則房は永保年中（1081―84）宮司に補され、子孫は連綿として神職を相継いだ。天正2年（1574）、高天神城兵に鈴木五郎大夫、太郎左衛門、権太郎、左内などがあり、天正3年、只来村（三ヶ日町）の鈴木三郎右衛門は、徳川家康が光明城を攻略した時、戦勝祝として栗を献上し、以後毎年江戸城へ「光明栗」を献上する事を例としたという。引佐郡金指村（引佐町）を戦国期に開発した鈴木兄弟は富士郡根方原の出身という。また、寛永年間、町人の子から典医となった鈴木陶庵の出た相良の鈴木氏など、遠江鈴木氏も数多い。引佐郡的場村（引佐町）の鈴木氏の住宅は県重要文化財。遠江家山村（川根町）に住む鱸《すずき》源兵衛、源六郎一族は今川氏に仕え、今川氏真に従って戸倉城（清水町）に行くが、永禄12年、徳川家康に属し、元亀元年、花沢城（焼津市）攻撃に参戦した。この鱸氏は鈴木とも書かれ鈴木氏の同族という。

鈴木氏の名の中には源、平、藤の字もみえるから、実際には諸氏の流れが混っているに違いない。余談になるが「重」は鈴木氏の通名である。

《せ》

清（せい）

清姓は全国的には稀少な姓に入るが、県ランクは252位、富士郡北部特有の姓である。清姓は清原を略したといい、堂上家清原氏は清家《せいけ》を名乗る。弘安4年（1281）富士郡上野地頭南條兵衛七郎の娘が清縫殿三郎左衛門の妻とあり、子孫は代々富士郡青見村（富士宮市）に居住したという。天文の頃、清善次郎は北條氏に転属したため、富士郡羽鮒村（芝川町）の地を今川義元に没収され、永禄年間、縫殿左衛門尉は小泉村（富士宮市）を領し、富士郡青見村に居住した彦三郎徳長（斗角）は、天正年間（1573―92）、徳川家康の甲州攻めに協力した。寛永21年、主殿政次、九郎右衛門尉政家は西山本門寺に梵鐘を寄進、慶安4年、平蔵久時は新田を開いた。

関（せき）

関姓は西伊豆海岸に多く分布する。県ランクは166位、全国では74位という。伊勢国鈴鹿郡関から起こった桓武平氏流は平重盛の二男資盛の孫左近将監平実忠が祖。この他、美濃国関村、信濃国関村などから起こった関氏など、その流れは多い。西伊豆土肥の関氏は後北條時代は土肥富永氏の配下といい、大永5年（1525）、三島社造営時の代官に関甚左衛門があり、天正7年（1579）、北條家臣南條氏の同心、関主水助は駿東郡大胡田村（小山町）を知行し、元文年間の名主の関惣三郎はその子孫という。

芹澤（せりざわ）

芹澤姓は全国では極めて少ない姓だが、県ランクは79位。北、東駿地域特有の姓で、御殿場、裾野市は市ランク4～5位。数では沼津市が最多。芹澤氏は平維幹が常陸国行方郡芹沢村に住んだからとも、維幹の後裔茂幹が相模国高座郡芹沢村に住んで称したとも、また、茂幹7代孫の土佐守良忠が相漠国芹沢村に住み、後に常陸に移り居城を溝えて芹澤を称したともいうが、定説は相模国芹沢村が発祥地とされている。甲斐国の芹澤氏は信濃国諏訪神家流という。

永禄、天正年間（1558－92）、今川氏真家臣に芹澤伊賀守があるが、今川重臣葛山氏に仕えグミ沢村（御殿場市）代官の芹澤玄蕃尉（対馬守）や、慶長の頃の田中村（御殿場市）住人の右近将監、その子、若狭守や清左衛門尉と同族である。将監は今川氏に属して武功をあげたが永禄3年（1560）刈屋城で討死し、一族は後に武田氏、更に北條氏に属し、将監の孫、八郎右衛門は江戸初期、西田中村の名主となり、子孫代々世襲する。葛山旧臣の芹澤氏は、主家葛山氏が信濃国諏訪で滅亡したので浪人し、後に郷里御殿場市に帰り土着したという。享保の頃、我入道村（沼津市）に芹澤六右衛門があるが、この地の芹澤氏は北駿の芹澤氏の同族であろう。

《そ》

曽根・曽祢（そね）

曽根姓は全国では600位台というが、県ランク129位。曽根氏は曽祢氏と同流で清和源氏流逸見黒源太清光の子、厳尊が祖という。曽祢弥五郎遠次は甲斐国八代郡曽根村に居住し、曽祢の文字を曽根に改め、子孫の弥五郎定次は武田信虎に属したが、後に今川義元に仕えた。その子、源右衛門長次は武田氏に仕え、後に徳川家康に仕えて伊豆代官、駿河山西代官となり、子の家次も伊豆国代官をつとめ、子孫は旗本となった。元亀年間、志太郡益津（藤技市）の飽波神社神主に曽根彦八家貞があり、天正2年（1574）、小笠原長忠に属して高天神城に籠城した曽根孫太夫長一は朝比奈村（岡部町）を知行し、開城後は大須賀康高に属し、横須賀（大須賀町）藩士となり、慶長の頃兵左衛門は朝比奈村の名主となる。武田信玄の家臣曽根大隅守の後裔は志太郡瀬古村（藤枝市）に居住したという。元文5年、熱海の湯宿に曽根五兵衛があるが先祖は武田旧臣ともいう。

《た》

田口（たぐち）

田口姓は全域に分布し県ランク292位。和銅5年（712）、田口朝臣御負は駿河守となり、貞観7年、田口統範は遠江守、長徳元年、田口幸来は遠江介となった。県内の田口氏はこの後裔であろうか。永禄年間、日比沢城（三ヶ日町）城主後藤佐渡守の家臣に田口氏があり、天正7年、江尻城主穴山信君に属した田口次郎右衛門は有度郡中田郷（静岡市）を充行。元文の頃、浜松宿に田口源六がある。

田代（たしろ）

田代姓は北駿に多く分布し、県ランクは164位。伊豆の田代氏は田方郡田代村（修善寺町）より起こり、後三條院の皇子、輔仁親王の子源有仁5代の孫、田代冠者源信綱の後裔という。信綱は父為綱が伊豆国司として在任中、伊豆国住人工藤介茂光の娘に産ませた子で、為綱が帰京した後、母方の祖父の茂光に育てられ、源頼朝の挙兵の時は頼朝に味方した。後に田代村（函南町）に移り、地名はその姓にちなむという。子孫は田代郷（修善寺町）に住み、建武2年（1335）、又次郎入道了賢（基綱）は駿河国守護代に属し、南朝軍と縄手（袋井市）で戦い、左京亮房綱は暦応3年足利直義より田代郷（修善寺町）地頭を認められ北朝方に属す。また源頼光の孫、多田蔵人頼綱の子仲政の4代孫が田代冠者頼成と称したとある。沼津城主大久保忠佐の家臣の田代氏は慶長19年、主家廃絶後、浪人して駿東部大平村（沼津市）に住んだ。志太郡田代村（本川根町）に住んで地名を姓とした田代氏は、中古の頃、有度郡七ツ新屋村（清水市）に移住し、子孫は永続するという。徳川家康を二俣から筏に乗せ浜松まで送ったという豊田郡鹿島村（天竜市）の大角孫之丞の子孫は田代を称し、元禄年間、田代十郎左衛門といい、八郎左衛門は元和2年見付から袋井宿に移り本陣をつとめた。

田島（たじま）

田島姓は清水市に最も多く県ランク261位。尾張田島氏は熱田神宮の社家、武蔵田島氏は新田氏族の岩松遠江太郎時兼の子田島経国の後裔で、北條氏に仕えた。工藤氏流は源頼朝に仕えた伊東の工藤祐経の孫祐明が田島七郎左衛門と称し、祐次、祐是、祐聡、祐定（遠江守）とつづく。

田中（たなか）

田中姓は全国ランク3位の大姓で、西日本では1位といわれる。県ランク17位、下田市は4位。田中の地名は各地に多く、全国地名ランク32位。狩野庄田中郷（大仁町）から発祥した桓武平氏流の田中氏は、執権北條高時の子時行が祖。後裔の泰行は田中越中守と称し、一族の田中内膳は桑原村（函南町か）に住み、長享2年、韮山堀越御所の足利政知に仕え後に北條早雲に仕える。北條氏康の家臣の五郎左衛門吉利は田中（大仁町）の人で小坂村（伊豆長岡町）を領し、一族は相模北條氏に仕える。田中融成《とうなり》（号江雪）は板部岡を称し北條氏滅びて後、豊臣秀吉、徳川家康と歴仕し、子孫は岡野と改姓し旗本となった。武田遺臣の田中助太郎は主家滅亡後、知人の住む大竹（函南町）に来住したといい、賀茂郡田中村（河津町）の田中氏は文禄の頃から名がみえ、代々名主をつとめた。初島の田中氏には観応2年（1351）に田中六郎助定の名がある。

遠江の藤原氏流田中氏は佐野郡田中村（掛川市）より起こり、井伊泰直の弟三郎兵衛直家を祖とし、太郎左衛門尉直清は井伊一族と共に南朝に尽くす。戦国期、今川氏に属して富部田中（掛川市）を領した田中氏は新田氏流とも安田氏流ともいわれ、今川義元に仕えた新左衛門の時、尾張笠寺に居住して富部を称したが、子孫は徳川氏に仕えて田中に復姓した。清和源氏流の遠江田中氏は、安田遠江守義定の子田中義輔の後裔でこの子孫に田中城主田中因幡守義堯がある。また永正年間、武蔵国高輪に住んで北條氏に仕えた新田氏族田中安泰の孫の五郎某は天正18年、北條氏が滅びてから山名郡大原村（福田町）に来住したという。榛原郡藤守村（大井川町）の田中氏の遠祖は奈良時代伊予国宇和島より来住したと伝え、慶安年間、五郎左衛門は慈眼寺を開基、子孫は庄屋をつとめた。浜松宿に江戸初期から幕末まで定住した鋳物師田中氏の先祖の太兵衛と、見付宿の鋳物師田中氏の先祖の清兵衛とは兄弟という。

駿河田中氏は藤原氏の末孫で、知氏が益津郡田中村（藤枝市）に住んで田中を称し、代々武田氏に仕えたが、政利の子政長の時武田氏が滅び徳川家康に仕え、後に駿河大納言忠長に付属した。有度郡丸子郷（静岡市）に文和の頃、田中大夫が住み、永禄期、松野（富士川町）城主荻氏の家老に田中左馬之助信豊、寛永の頃、駿河浅間神社神官に田中藤太夫があり、延宝年間、島田御請新田（島田市）を開発した田中久兵衛は原川城主（掛川市）原川大和守の後裔で田中氏を継いだという。吉原（富士市）の田中新田を開発した田中権左衛門は浪人となって来住したと伝える。

田邊（たなべ）

田邊姓は県ランク163位。延暦元年（782）、田邊建足は伊豆守となり、富士浅間社大宮司義尊の孫高連は田邊四郎と称した。甲斐田邊氏は永禄年間紀伊国田辺から東山梨郡に移住した藤原姓熊野族で、武田家臣田邊四郎左衛門尉直基は黒川金山衆で、元亀元年の駿東深沢城（御殿場市）攻めに武功をたてた。有度郡下清水（清水市）の八幡宮祠官家の田邊氏には幕末期田邊左京がある。

田村（たむら）

田村姓は県ランク106位。田村氏は奥羽地方に多くほとんどが坂上田村麻呂の末裔と伝えられるが、信濃の小笠原長経の子長貞は田村五郎と称したという。相模北條氏家臣に北條早雲の時代から医家（侍医）として続いた田村氏があり、代々安栖斎を称す。今川義元家臣に田村助太夫があり、賀茂郡上賀茂村（南伊豆町）の最勝寺を再興開基したのは田村平馬正広という。

高井（たかい）

高井姓は浜松、富士市に多く県ランク289位。高井氏は三河国高井村、信濃国高井郡、美濃国高井庄などから発祥し、相模高井氏は桓武平氏三浦支流と紀氏流がある。遠江高井氏は清和源氏土岐氏流で、発祥地は三河国とも美濃国ともいい、高井内蔵実広は今川義元に仕え、遠江国内を領したが桶狭間戦で討死。その子貞重は今川氏真に最後まで仕え、後に徳川家康に属し、紀伊藩祖頼宣に付属せられ、子孫は旗本となった。一族に今川義元家臣の兵庫助がある。相模北條家臣の高井大炊助は永禄初期、伊豆鶴喰（三島市）を知行した。

高木（たかぎ）

高木姓は県下全域に分布し県ランク71位。水窪町、賀茂村は町村ランク4〜6位、全国では40位台。三河国碧海郡高木村発祥は清和源氏流、信濃国諏訪郡高木村より起こったのは金刺姓という。藤原通隆の4代孫、少納言文時は遠江国に流され初倉庄（島田市）に居住して榛原7郷を知行し、その子文貞が高木を称したと伝えられる。建武4年、北朝方今川氏に属した遠江の高木左衛門三郎、次郎左衛門尉、応永19年、今川了俊の弟仲秋の後見人に彦六入道弘季があり、至徳元年、佐野郡細谷郷（掛川市）の代官職に高木次郎、今川義忠家臣に蔵人がある。また、上長尾村（中川根町）に長治、志太郡野口村に五左衛門、駿府浅間社家にある。賀茂郡宇久須村（賀茂村）に寛正の頃、高木兵右衛門があり、安良里村（賀茂村）の高木氏の祖、高木五郎右衛門義清は関ヶ原合戦に敗れてこの地に移り住んだという。子孫の五郎右衛門は享和年間、鰹節（伊豆節）の製造改良に尽くした。

高島（たかしま）

高島姓は県ランク268位、70％以上は沼津市に分布する。全国では5000位内に入らないという。近江国高島郷より起こった高島氏は宇多源氏流で、佐々木信綱の5代孫範綱が高島四郎と称したのが始まりという。このほか、上総国高島村から起こった桓武平氏千葉氏流や秀郷流藤原氏流、清和源氏足利氏流などもある。山名郡法多山長谷（袋井市）の高島甚左衛門は俳諧、書に長じた。

高田（たかだ）

高田姓は県ランク82位。甲斐高田氏は源頼光の5世孫頼兼の子、高田光円の後裔で大永5年（1525）、籠坂の麓の合戦で一族の多くは討死したと伝えられるが、上杉憲政に仕えた高田憲頼は子兵庫助信頼と共に武田信玄に仕えた。駿河の高田一族は駿東郡各地に住み、長沢村（清水町）の高田氏の先祖高田主水は武田家臣甘利氏の一族の甘利弾正の子で、天正の頃、今川氏に属し高田姓に改めたという。本宿村（長泉町）の名主の高田氏の初代久左衛門は慶長期の人。畑中村（清水町）の高田氏は作右衛門の子孫で、元禄年間の当主半兵衛は赤穂浪士大石内蔵助の縁者であったという。原宿（沼津市）の桜井氏は代々この地に住み、藤左衛門は天文年間、高田を開拓して姓を高田と称し、天正期は武田氏に属し子孫は江戸中期、名主、脇本陣をつとめた。須津衆（富士市）の高田能登守は武田信玄に属し、元亀3年、大岡荘問屋管理を山中氏から移され、後裔の惣左衛門の子孫は沼津宿本陣をつとめた。弘治年間、高田大膳太輔、寛文の頃、左京太夫忠政の名がみえる沼津楊原神社神主家や駿府浅間神社社家、柏尾村（清水市）穂積神社神主家の高田氏などはその一族か。

田方郡井田庄（戸田村）の高田氏は、代々この地に住み北條早雲が伊豆を侵攻してから北條氏に属し、永禄の頃の兵庫助は駿河湾一帯の敵船警備のため西浦続狼烟《のろし》旗頭となり、その子安千代丸の後見人は、土肥の豪族富永山城守政家であった。天正18年、北條氏が滅びてから嫡流は井田庄に戻り、子孫は連綿としてこの地に住むという。

高塚（たかつか）

高塚姓は県ランク250位。全国では1000位内に入らない。武蔵国の高塚氏は宇多源氏佐々木氏の後裔という。天正2年（1574）小笠原長忠に属して高天神城（大東町）を守った徳川方大須賀衆に高塚七兵衛があるが、敷智部高塚村（可美村）と関係あるか。榛原郡白羽村（御前崎町）に高塚作右衛門があり、江戸時代、城東郡落合村（大東町）の庄屋の高塚氏や西大淵村（大須賀町）の三熊野神社の神主高塚氏はその族裔か。

高野（たかの、こうの）

高野姓は富士宮、静岡、浜松市の順に多く、県ランクは161位。タカノの読みが多い。近江国高野村、常陸国高野村発祥は清和源氏八田氏流で、甲斐高野氏はこの系統と武田氏流があるという。賀茂那加納村（南伊豆町）の正八幡社神主家高野氏の文明頃の祖は秦朝臣高野家吉という。

高橋（たかはし）

高橋姓は全国6位。県ランク13位。伊豆をはじめ市町村ランクで1桁台に入る市町村は多く、中で松崎町は町ランク1位。高橋は「天地をつなぐ高い柱」という事で神事を司るという意味といい、神主に高橋姓が多い。

高橋姓の発祥は天武天皇の頃、高橋朝臣を賜姓したのが始まりとされ、天平10年（738）の『駿河国正税帳』に遠江国少掾高橋朝臣国足の名がみえ、延暦16年（797）の駿河介に高橋祖麻呂、斉衡元年の駿河守に高橋浄野の名が見えるから、県下の高橋姓は1200年以上の歴史がある。この高橋朝臣は物部氏族で、高橋姓は安倍氏族という。県下の高橋姓は大宅氏流、藤原諸流、桓武平氏流、佐々木氏流がある。庵原郡飯田村高橋（清水市）より起こった大宅氏流高橋氏は大宅大三大夫光任5代の孫、高橋刑部丞光盛の後裔という。光任は源頼義に従い前九年役の時、7騎武者の第1といわれ、その子光房は源義家に仕え後三年役に武名を表わし、光房の子光延は源頼朝の時、駿河国高橋（清水市）、由比（由比町）西山の領主となり、その子光盛が高橋刑部丞と名乗った。光盛の孫吉清は薩埵山合戦で討死し、以後、重政、重貞、氏義、貞重、重秀、重吉、盛吉、盛清とつづき、掃部助重秀は今川義忠に属し、応仁2年（1468）、伊豆三島で討死した。

藤原氏流高橋氏は入江氏の分流で、大宅氏流と同じ庵原郡高橋（清水市）より起こり、遠江権守高橋維頼の後裔、大九郎維弘の孫弥太郎維延は鎌倉幕府家人となって高橋村に住み、その子左衛門尉維行は承久の乱の軍功により、高橋村を領し高源寺を開基。6代孫、式部丞行綱は鎌倉北条氏滅亡により高橋村に帰り、その子中務丞行風は今川範氏に仕え、以後、維宗、維秀、維攻とつづき、主水介維攻は今川氏滅亡後、駿府在城の徳川頼宣に仕えた。永禄初期、今川義元家臣に九郎左衛門、慶長年間、清水貝島御殿（清水市）を預かった権太夫や八草村（静岡市）の権現社宮司高橋氏がある。高橋権守は源頼朝に仕え、富士裾野の巻き狩りで大鹿を射止めた賞として近江国国領村を賜ったので移住した。

　桓武平氏流伊勢守平盛国の孫、讃岐守高橋左衛門尉盛綱は文治元年（1185）平家滅亡後、駿河国持舟郷（静岡市）に逃避し、この地を開拓。後裔の半之丞平祐経の時、領主関口親永と確執を生じ甲斐国に転住したという。城飼郡高橋郷（小笠町）に住んで高橋姓を称した遠江高橋氏は維頼の後裔という。文明年間、地頭方村（相良町）に住んだ高橋氏は今川義忠に属して討死した。新野村（浜岡町）の高橋氏はその後裔と伝える。浜名郡高塚村（可美村）の高橋氏の先祖に永享2年、高橋常家や大永7年、雨鶴寿丸があり、永禄期、西遠の高橋氏は今川氏に仕えたが、永禄6年離反して徳川家に仕えた。また、藤原氏流相良三郎長頼の三男、高橋左近将監頼之は三河国高橋庄（別説では城飼郡高橋庄）を領して高橋を称し、その子左近将監頼季は源実朝に仕え、承久の乱（1221）の時戦死。以後、頼春、頼周、頼方、定頼、憲頼、頼次とあり、越前守頼次は小田原城主大森氏に仕えるが北條早雲に攻められ大森氏が滅び、その子、左馬助頼元は伊豆国雲見（松崎町）に住み、北條早雲に従属する。以後、綱利、氏頼、頼重とつづき、左近右衛門頼重は天正18年北條氏滅亡後、駿河国に移住し、氏頼の弟将監頼元は今川義元に仕え、その子は彦右衛門頼之とある。しかし『新編武蔵風土記稿』では伊豆雲見（松崎町）の高橋氏は宇多源氏佐々木氏族と伝え、京極左衛門尉高氏の子、左馬助頼方が嘉暦年間、三河国高橋に住んで高橋を姓とし、鎌倉幕府7代将軍惟康親王、8代将軍久明親王に仕え、その子兵部少輔定頼、将監基頼父子2代は関東管領上杉氏に従ったが、上杉憲忠の乱で基頼は浪人し、子の将監頼元が延徳4年、北條早雲に従った。（一説では延徳以前、伊豆堀越御所＝韮山町＝の足利氏に仕えたともいう）。これより綱利、氏頼と代々北條氏に仕え、後に北條家門に列し雲見を知行して伊豆衆21家の一つとなり、北條水軍の将となったが、天正18年、綱利、氏頼父子は北條氏の滅亡に殉じ、氏頼の子政信、政重兄弟は八王寺城で戦死、政信の遺子兵部丞吉次は母と共に逃れ、武蔵国に移住したとある。『足利基氏伝帖』では南北朝初期に雲見上山《えんのやま》城主に高橋丹波守があり、雲見高橋氏は代々丹波守を称し、小田原役の時丹波守は下田城主清水氏の同心として豊臣軍と戦っている。各説相違するが、子孫は雲見浅間神社神官としてつづいた。

高林（たかばやし）

高林姓は県ランク172位だが、浜松市が全数の90%を占める。遠江高林氏は清和源氏の小笠原氏流と今川氏流がある。信濃の小笠原信濃守長清の後裔の高林氏は、豊後守政信の時、敷智郡高林村（浜松市）に住んだので高林を称したという。子孫の出雲守昌房から武田氏に属したが、孫の昌重は武田氏滅亡後、徳川家康に仕えた。今川氏流の高林氏も敷智郡高林村より起こり市左衛門吉利は徳川氏に仕え、吉次、利春、利之と続いた。長上郡有玉村（浜松市）の庄屋高林氏は中世末期以来つづき、江戸後期の子孫方朗《みちあきら》は浜松藩主水野忠邦の国学歌道の師となった。

高柳（たかやなぎ）

高柳姓は県ランク184位。信濃国佐久郡高柳郷があるが、著名なのは武蔵国埼玉郡高柳村より起こった桓武平氏野与党と藤原氏族小山氏流で、鎌倉幕府家人に高柳弥次郎幹盛や三郎兵衛尉がある。敷智郡高塚村（可美村）に高柳権八藤原吉安があり、その子民部少輔吉次は浜松五社神社の神主。沼津水野藩士高柳邦は幕末時『水野家史料』を編集し、賀茂郡江奈村（松崎町）の高柳天城は漢学、書道に長じ、安政年間下田に移住し、後に横浜に出て英国公使館書記となった。

高山（たかやま）

高山姓は県ランク212位。浜松、清水市に多く、伊豆には少ない。上野国高山郷より起こった桓武平氏秩父氏流の高山遠江守満重は上杉、武田、さらに北條氏に仕えた。武田家臣に高山山城守行重、彦兵衛定重、八郎三郎泰重があるがその一族である。天正の頃、富士郡下小泉（富士市）を開拓した芝切5人の1人高山六郎左衛門は、この地に永住し子孫に高山三平がある。

滝（たき）

滝姓は富士川から大井川までの地域に約90％が分布し、特に清水市に多く県ランク152位。滝は多喜と混用され、同族といわれる。三河国額田郡多喜村から起こった滝氏は、嵯峨源氏でもと大黒を称し、美濃国発祥の三河滝氏は伴氏流で大原吉廉の後裔という。

榛原郡上湯日村（島田市）の滝氏の祖は南北朝期、南朝に仕え、後醍醐天皇崩御の後吉野を去って近江国にかくれ、滝五郎左衛門と称す。その二男道鑑は南北朝末期鎌塚（島田市）に住み、三郎兵衛道直、五郎三郎道影、左近惇信とつづき、惇信5代孫、三郎兵衛英吉の時、上湯日村に移住したという。三郎左衛門吉久は今川家臣小原肥前守鎮実に属し、永禄13年（1570）、花沢城（焼津市）を守り武田方の岡部長秋を矢によって討ち取った勇士。花沢落城後、上湯日村（島田市）にかくれ住み、元亀元年松林寺を開基し、子孫は代々三郎左衛門を名乗り庄屋をつとめた。花沢山麓の野秋村（焼津市）の滝氏も吉久の末裔で、代々儀右衛門を名乗ったという。天正2年、小笠原長忠に属して高天神城（大東町）に籠城した滝弥之助は開城後武田氏に属す。駿府の滝氏は貿易商で徳川家康に属し代々この地に住み、寛永年間、佐右衛門は山田長政のシャム国渡航の便を計ったといい、分家滝氏の祖は惣太郎という。庵原郡平山村（静岡市）の竜爪山穂積神社の神官家滝氏の祖、滝権兵衛は慶長12年（1607）、竜爪山に登り、長享の頃、紀伊守、榛原郡白羽村（御前崎町）の白羽大明神神主も滝氏が世襲する。

滝口（たきぐち）

滝口姓は御殿場市に多く県ランク284位。滝口は水源地を意味するが、平安時代、武勇の若武者を選び京都御所の守護のため滝口に詰めさせた。高山樗牛の『滝口入道』で知られるように源平藤橘を問わず武門の誉で官職名の滝口を称し、首藤権守助道の子に滝口馬允定義、渡辺源次綱の孫に滝口安などきわめて多い。その中で平治の乱に源義朝に従って討死した相模国住人、山内首（須）藤俊通の子俊綱は滝口四郎と称し、藤原氏流滝口氏の祖という。

治承2年、伊東庄（伊東市）の伊東祐親の館に角力の会が開かれ、その参会者の中に滝口太郎、三郎（経俊）の名がみえるが首藤氏流で相模国住人。また、源三位頼政の弟泰政も滝口を称し、その子、望政は帯刀先生《たてわきせんじょう》といい頼政の敗軍後伊豆国に流されたとある。甲斐国都留郡には古くから滝口氏が住み、永万元年（1165）以前、滝口氏が載運寺を開基したと伝え、南北朝期、南朝に尽くした滝口平太郎盛治の名がある。応仁の乱後、勝間田庄（榛原町）の豪族横地、勝間田氏の一族が今川氏に追われて北駿の印野村（御殿場市）に落ちてきた時、土着の滝口氏が援助したと伝えられるから、北駿の滝口氏の来住は応仁年間（1467―69）以前となる。子孫の山之尻村（御殿場市）の滝口氏は代々名主をつとめた。

竹内（たけうち）

竹内姓は浜北市では市ランク3位、県ランクは100位。三河国下条竹内村から起こった竹内氏は右京大夫仲治6代の孫左衛門勝治がこの地に住んで竹内を称し、その子信重は徳川家康に仕え子孫は幕臣。永禄年間、今川家臣に竹内喜十郎や安倍郡長田村（静岡市）明光寺を開基した善五兵衛政道、内牧村（静岡市）の幸庵新田を開拓した竹内幸庵、文禄年間、榛原郡波津村（相良町）に住んだ竹内氏などがある。引佐郡宮口村（浜北市）の竹内氏の祖先はもと伊藤を移し豊臣時代関西より落ちのびてきたと伝える。

竹下（たけした）

竹下姓は県ランク173位。駿東郡竹下村（小山町）より起こった藤原北家葛山氏流は、葛山惟忠の子惟重が初めて竹下孫八郎と号した。惟重は竹の下城を守り、御宿殿とも称して源頼朝に仕えた勇士である。正治年間（1199―1201）、一族に興雲寺を開基した孫八左衛門頼維（頼忠）もある。その後裔は禅秀の乱の時に今川範政と共に足利持氏に味方した。葛山氏は大森氏から出、大森氏は430年栄えたが、子孫の小田原大森氏は北條早雲に滅ぼされ、葛山氏も天正の頃、信濃諏訪で武田氏に滅ぼされた。

竹田（たけだ）

竹田姓は県ランク２７１位。清和源氏流は源満仲６代の孫、頼清が伊豆国に流され、その子清高が竹田冠者と号した。藤原氏流は藤原利仁の後裔、為頼の子頼基が竹田四郎大夫と称した。永禄初期、今川義元家臣に竹田喜十郎があり、天正２年（１５７４）、小笠原長忠に属し高天神城（大東町）を守った籠城の士に十左衛門や右衛門がある。右衛門は開城後、徳川氏に帰属し大須賀康高に属して横須賀７人衆に数えられる。

武田（たけだ）

武田姓は全域に分布し県ランク１７６位。史上有名なのは甲斐国北巨摩郡武田村から起こった清和源氏流武田氏で、新羅三郎義光の後裔という。鎌倉初期、武田信義は駿河国守護、弟の安田義定は遠江国守護、信義の子、武田（石和）信光は源頼朝に仕え伊豆国守護となった。戦国時代、今川義元が戦死してから武田氏の勢力は駿河に拡張され、武田信君（穴山梅雪）は有度郡を領し江尻城主となった。今川家臣に武田左京亮、上野介があり、気賀（細江町）の武田右京は堀川城を築き徳川家康に抗したが永禄12年落城した。宝永３年、善兵衛は下吉田（吉田町）の新田を開発した。

《つ》

塚本（つかもと）

塚本姓は中部が80％を占め、中でも島田市は市ランク4位と多く、県ランクは116位。元和年間、塚本道悦は志太郡道悦島村を開発、地名はその名にちなむ。島田宿の塚本孫兵衛は如舟と号した俳人で、芭蕉とも交友があり、元禄9年、初の大井川川庄屋となる。この塚本氏は代々孫兵衛を名乗り、初代孫兵衛は慶長の頃の人で如舟は3代目という。一族に俳人が多く、子孫の如竹、如挑も俳名が高い。如舟の句に「大井川隔て悲し神無月」「名月やむかしむかしの人はさぞ」などがある。志太郡中新田村（焼津市）の塚本氏は代々庄屋をつとめ、江戸後期、塚本薫平正時は藩御用達、大庄屋となる。この他、有度郡池田神社社家に塚本弥五左衛門がある。

辻（つじ）

辻姓は県ランク285位。甲斐国八代郡野呂里辻より起こったのは三枝氏流で、三枝守国の5男守貞が辻を称したとも、後裔の六左衛門守政が称したともいう。天正2年、紀伊国雑賀荘の辻孫惣は織田氏に追われ、勝間田庄柏原（榛原町）に移住して源十新田を開拓し、子孫は名主をつとめた。江戸中期、島田代官に辻源五郎盛陰、中泉代官に甚太郎守貞があり、駿河浅間社家や久能山社家にも辻氏がある。幕末時、伊豆戸田村で幕命によりディアナ号代艦を建造した時、造船御用係をつとめた辻平兵衛がある。

土屋（つちや）

土屋姓は東部に密集し、伊豆では3位に入り、中でも下田市、河津、大仁町は市町ランク1〜2位。県ランク19位だが、全国では111位という。相模国大住郡土屋郷から起こるは桓武平氏流で、源頼朝の御家人の中村荘司宗平の子宗遠が土屋三郎と称したに始まり、子孫は執権鎌倉北條氏に属し、後に足利幕府に仕えた。宗遠13代後裔の土屋平三郎氏遠は甲斐武田氏に属し、氏遠の5代孫、伝助昌遠は武田信虎に仕え、後に先祖の菩提寺である伊豆国大平郷（修善寺町）の真光院に引退しこの地で没した。昌遠の子円都《えんいち》は失明したため、母方の井伊谷（引佐郡）の菅沼忠久の許にあって今川氏真に仕え、後北條氏政に属したが、北條氏滅びてから徳川家康に仕え惣検校となった。昌遠の跡は清和源氏流足利泰氏の六男一色公深から出た金丸筑前守虎義の次男、平八郎昌次が継ぐ。昌次の弟惣蔵昌恒は武田信玄から土屋姓を賜った岡部貞綱の養子となって土屋姓を継ぎ、天正10年天目山で主君武田勝頼に殉じ、その子平八郎忠直は家臣に守られて興津清見寺にかくれ住んでいたが、徳川家康に召し出され、慶長7年上総久留里で2万石を知行した。忠直の子数直、その子相模守政直は天和2年より貞享元年まで田中城主となる。清見寺に墓のある兵部少輔秀直は忠直の子孫で、土浦藩主土屋氏と同流である。また、昌次の子五郎右衛門直村は徳川家康より関東紺屋頭に任ぜられ代々甲斐国に住んだが、数代の後裔貞宗が駿河大諏訪村（沼津市）に移住したという。昌恒の養父土屋貞綱は藤原氏族の岡部常慶の子で初め今川水軍頭であったが、後に武田水軍の将となって清水に居住し、昌恒の弟正直は清水城に住み、武田氏が滅んでから徳川家康に仕えた。永禄末期、武田氏に属した土屋木工左衛門尉は有度郡蛇塚、長崎、村松（以上清水市）、益津郡田尻（焼津市）の内を充行した。駿河代官土屋杢之助など江戸時代駿遠の各地を知行した幕臣土屋氏や、島田宿問屋職をつとめた土屋氏、駿東郡清後村（御殿場市）の名主や医家の土屋氏などは甲斐土屋氏の族裔という。駿東部大平郷（沼津市）の土屋氏の先祖、土屋京蔵は建仁2年、この地を開発した郷士3人の1人という。戦国期、子孫の八左衛門氏勝は北條氏に属し武功をあらわすが、明暦の頃は没落したと伝える。

相模北條水軍の土屋左衛門太郎や隼人佐は、伊豆重須（沼津市）に住み、子孫は大庄屋を務めた。伊豆には土屋氏が多く、久安年間、多々度浜（下田市）に押し寄せた伊豆八丈島の海賊を追い払ったという伊豆の諸豪の中に土屋氏があり、応永年問、賀茂郡稲梓郷内（下田市）を領した土屋近江五郎入道がある。茅原野村（下田市）の土屋氏の先祖は、武田氏滅亡後、この地に遁れ住んだ武田遺臣の土屋外記、勝長、玄蕃といい、玄蕃の子孫はこの地の名主をつとめる。江戸後期、中川村（松崎町）の儒学者土屋述作（三餘）は子弟を育英し、先祖は武田遺臣土屋新左衛門尉信盈という。小下田村（土肥町）の土屋氏から囲碁名人13世本因坊秀和（土屋作平）が出た。

坪井（つぼい）

坪井姓は西部に多く県ランク202位。遠江の坪井氏は信濃国を発祥とする清和源氏小笠原氏の族といい、九州探題となった今川了俊に随従して九州各地に戦い、一族の多くが戦死したと伝える。戦国期、豊田郡中村（天竜市）の坪井右京進は徳川家康に属し小田原役に参陣。清水湊の坪井氏は江戸中期より江尻宿名主をつとめた。

《て》

寺田（てらだ）

寺田姓は西部特有の姓で、磐田、袋井市、福田町は市町ランク1～3位、県ランク47位。寺田姓は寺院領有の田という意味であるから、寺田の地名は各地にある。遠江の寺田氏は原権守藤原師清を祖とする原氏流という。原氏は佐野郡一帯を預有したので寺田村（掛川市）が発祥地か。文亀2年（1502）、富里村（浅羽町）の寺田忠三郎は福田海岸に漂着した地蔵菩薩を長溝院に祀ったと伝える。寺田右京亮真宗は今川義元に仕え、子の利宗は袴田を称し、その子真久は徳川家康に仕え市野村（浜松市）を領し市野を姓とした。天正10年（1582）、向笠村（磐田市）の六所神社神主に寺田左京泰吉があり、熊野権現神主寺田氏の祖は戦国期、向笠伯耆《へき》守の家臣といい、佐野郡寺田村（掛川市）の名主は寺田氏。江戸後期、周智郡園田村（森町）に日置流印西派弓道家寺田信富があり、志太郡大住村の寺田八平は田中藩本多氏の砲術師範となった。福田村（福田町）の寺田彦左衛門は福田織物業の先駆者。浜名郡芳川村（浜松市）の寺田惣七の長女ミオは明治初期の遠州織物の功労者である。

《と》

戸塚（とつか）

戸塚姓の80％は西部に分布し、中でも掛川市、大須賀町、浅羽町は3〜8位、県ランク109位。遠江の戸塚氏は、清和源氏で源義家の子、横地太郎長重の子勝間田平三郎成長が榛原郡勝間田村（榛原町）に住んで勝間田を称し、その子正重が戸塚七郷（磐田郡南部）を領して戸塚七郎と名乗ったのが始まりという。正重の後裔、長頼は武田氏に属し、その子頼重は川中島の戦で負傷し、家督を弟頼正に譲り仁田村（榛原町）に移り庄官となり、頼正の子正頼は上針戸の戸塚氏の祖となった。頼重5代孫の戸輔光利は元禄2年、医学を学んで帰郷し、これより代々医業を継ぎ、光利の長男戸輔国治は仁田村で医業を継承し、二男泰治正治は掛川に出て医業を開き、掛川戸塚氏の祖初代隆珀となる。三男建治成之は金谷で眼科、四男周輔良治は駿府で内科を開業した。隆珀の子維義（2代隆珀）の子柳斎（春輔）は駿府の儒医となり、弟の静海はシーボルトの高弟で、蘭方外科に長じ掛川藩太田氏に仕え、後に薩摩藩医から幕府奥医師となった。この一族の多くは掛川藩太田氏の藩医となり著名の医家が輩出している。

遠江戸塚氏について『寛政譜』では清和源氏為義流で遠江国戸塚村に住んで戸塚を姓とし、戸塚五郎大夫忠春は足利将軍義晴に仕え、後に遠江国に帰り大森城に住む。その子四郎左衛門忠家は初め今川義元に属し、後に徳川家康に仕え、弟心翁は江戸牛込天竜寺の住職となり、その妹ははじめ母方の西郷義勝に嫁いだが、義勝の戦死後、徳川家康に仕えて西郷局（宝台院）と称し、2代将軍秀忠と薩摩守忠吉の生母となったとある。佐野郡上張村（掛川市）の戸塚氏の祖は武田勝頼家臣の戸塚飛騨守といい、元和の頃は正吉、慶安頃は正則という。戸塚九兵衛、左近右衛門、半弥は高天神城（大東町）小笠原長忠に属し、天正2年（1574）、開城後は武田氏に属した。

戸田（とだ）

戸田姓は県ランク266位。東部には同じ字の戸田村《へだ》がある。三河戸田氏は藤原氏族で、明応年間、戸田弾正左衛門宗光は三河国田原に築城し、代々、松平、徳川氏に仕え、5代孫、忠次は天正18年、徳川家康の関東入封にともない伊豆下田城主となる。永禄初期、北條家臣の戸田新右衛門は伊豆粳田《うるちだ》（韮山町）を知行し、戸田大膳は駿東足柄城（小山町）の城代となる。富士郡入山瀬（富士市）の戸田孫太郎は、永禄11年頃、武田氏に属し、元亀3年駿東郡上石田村（沼津市）を領し、子孫はこの地に土着したという。今川家臣戸田備中守は永禄11年浜松城を守り、助左衛門は天正2年、小笠原長忠に属し高天神城（大東町）を守り武田軍と戦った。

富田（とみた）

富田姓は県下全域に分布し県ランク132位。清和源氏流の富田豊後守直久は山城国から移住して北條氏直に仕え、天正18年、伊豆山中城（三島市）で討死した。子の忠左衛門久次は徳川秀忠に仕え、その子与右衛門兼久は駿河大納言忠長に付属され、志太郡横内、掘内村（藤枝市）を知行した。江戸後期、引佐郡都田村（浜松市）の住人、富田与右衛門の二男は島田の服部氏の養子となり、国学者服部菅雄となった。

豊田（とよた）

豊田姓は西部が80%を占め、県ランクは258位。下総国と相模国の豊田郷より発祥は桓武平氏流、信濃国発祥は清和源氏望月氏流。遠江の豊田氏は後二條天皇の裔木寺宮氏の後裔で、豊田部より起こり、豊田源太夫は小笠原遠江守に仕え、永禄初期、今川義元家臣に豊田久米之助もある。『翁草』に鎌倉時代、遠江国に豊田弥次郎重氏があったというがこの族か。江戸中期、浜名郡山崎村（雄踏町）の江馬氏から出た豊田條右衛門自適は、関流和算家として名がある。浜名郡鷲津村（湖西市）の出身豊田佐吉は自動織機の発明者として著名、木寺宮氏流という。

鳥居（とりい）

鳥居姓は県下全域に分布し、県ランク217位。三河国碧海郡の鳥居氏は松平、徳川氏譜代の家臣で、鳥居元忠、直忠は徳川家康配下16将の1と呼ばれたが、藤原流とも熊野鈴木氏族桓武平氏流ともいい、先祖の鳥居法眼重氏が紀伊熊野新宮に大鳥居を建てたのにちなむという。戦国期、武田氏の駿河先方衆であった鳥居長太夫は安倍谷土着の士で、天正初期、小山城（吉田町）を守備して徳川軍と戦った。駿河大納言忠長の重臣鳥居土佐守成治は源氏を称しているが、三河鳥居氏という。浜松市の鳥居姓は同族か。正徳の頃、三島宿に神官鳥居豊行がある。

《な》

名倉・奈倉（なぐら）

名倉と奈倉は混用されている。名倉姓は浜松市に多く、細江町はランク3位、県ランク199位。奈倉姓は少ない。三河国設楽郡名倉村発祥は清和源氏新田氏流で、子孫に掘江城（浜松市）主名倉氏があり、気賀村（細江町）名倉嘉八郎は天正10年（1582）信濃で討死、徳川家康に属した名倉若狭守もある。『寛政譜』は遠江名倉氏を正義―勝意―正意と記す。戦国期、引佐部金指村（引佐町）の芝切人に名倉伝蔵があり、大谷村（三ヶ日町）の名倉氏は近藤氏に仕え享保年間は陣屋役人、城東郡西大淵村（大須賀町）の名主名倉五郎助は正保三年（1646）に完成した水路十内圦《いり》の功績者。伊豆の名（奈）倉氏は相模北條氏に仕えた名倉下野守重則、奈倉加賀守の子孫といい、武蔵国秩父郡名倉村発祥の桓武平氏畠山氏流か。賀茂郡道部村（松崎町）の名主は延宝（1673―81）の頃、名倉重左衛門というが、天正11年（1583）道部代官に奈倉彦次郎があり、子孫で名主の奈倉惣右衛門もあるので混用していると思える。

内藤（ないとう）

内藤姓は県ランク87位で藤姓の中では8番目に多い姓。内藤氏は藤原秀郷の後裔の行俊が内舎人となって内藤検校といい、後裔が官名と姓を一字ずつとって内藤を称したという。内藤重清は三河国碧海郡上野村に住み、その子義清の時から松平氏に仕えた。秦姓という貴平村（浜松市）八幡社神主家の祖の内藤次郎大夫朝重は享徳3年（1454）岩永寺を建立し、今川義元家臣の内藤甚左衛門正重の子甚九郎正吉は遠江に住み、後に徳川家康に仕えた。徳川家康の譜代家臣の内藤三左衛門信成は、天正18年（1590）韮山城主、慶長6年（1601）より5年間駿府城主、その孫の紀伊守弌信《かずのぶ》は宝永2年から7年間田中城（藤枝市）城主。宇刈村（袋井市）の内藤氏は宇刈7騎の1に数えられ、家康家臣の信成の後裔で、その子新左衛門信昌が馬谷村（袋井市）に退隠したと伝え、子孫は代々庄屋。

志戸呂焼の発祥に諸説あるが、初祖の加藤景忠は天正年間、志戸呂（金谷町）に来任して陶業を創め、後に内藤五郎左衛門と改名。馬谷村の内藤氏は陶工ともいう。駿府浅間惣社の内藤兵庫は神官内藤大夫の後裔という。

中川（なかがわ）

中川姓は県ランク125位。三河中川氏は藤原氏流の中河武蔵守栄成8代孫、肥後守重友の時、中川姓に改めたという。重友14代の後裔、中川伝左衛門重俊は今川義元に仕え、その子惣二郎重久の子伝左衛門重正は2代将軍秀忠に仕え子孫は幕臣。永禄初期の今川家臣中川惣右衛門、吉左衛門通秀はこの一族。賤ヶ嶽の戦で討死した摂津国の中川清秀の一族の中川五郎大夫は、関ヶ原戦後、浪人し、子の五大夫方如斉は慶長年間、駿府に来住、その子道海が明泉寺住職となって中川氏は断絶するが、6代住職の子亀千代は漆工となって中川五郎右衛門を称し、家名を再興する。子孫は画人、漆工を相続し、先祖は甲斐武田氏の遺臣ともいわれる。

中島（なかじま）

中島姓は県ランク92位、戸田村は村ランク2位。全国では20位台という。信濃国発祥は諏訪神族とも小笠原氏流ともいい、甲斐中島氏は同族という。永禄期、今川義元家臣に中島隼人助があり、遠江の幡鎌八郎左衛門尉の被官に中島惣右兵衛尉がある。安永、寛政期の島田宿問屋中島次郎兵衛の先祖は武田遺臣という。幕末期、下田奉行与力の中島三郎助永胤は安政元年（1854）、我が国初の洋式帆船鳳凰丸建造の主任をつとめ、後に軍鑑頭取となり戊辰の役の時、榎本武揚に従い函館五陵郭で戦死する。幕末の新撰組隊士中島登の先祖は武田家臣といい、登は後に浜松に住んだ。

中田（なかだ）

中田姓は県ランク208位。遠江の中田氏は藤原氏流で長上郡中田村（浜松市）より起こり、幕臣として甚右衛門正次、甚右衛門吉次、助作正吉、甚右衛門正勝と続く。弘治2年（1556）頃、今川義元家臣に中田善右衛門があり、江戸中期、有度郡清水村（清水市）に庄屋中田善右衛門があるが族裔か。天正10年（1582）駿東郡佐野郷（裾野市）に中田織部がある。浜松の住士中田常右衛門は主の仇を報じ、相良庄白井村（相良町）の庄屋中田次郎兵衛は天明の飢饉の時、領主に直訴した。

中西（なかにし）

中西姓は富士市が最多で県ランク293位。伊勢外宮祠官の中西氏は度会《わたらい》姓橋氏流、内宮の中西氏は荒木田姓という。富士郡大宮村（富士宮市）で代々医家を継承した中西氏の祖は備前児島氏流の中西武兵衛周徳という。周徳は医師となり大宮で開業、3世寿草は其角、嵐雪と親交があり、俳人としても名がある。今泉村（富士市）の中西氏は代々名主をつとめ、三郎右衛門は和田川より灌漑を引いた。その祖父は大宮村の名主中西道隆という。

中野（なかの）

中野姓は焼津市が最多で市ランク7位、県ランク62位。三河の中野氏は三河国中野村に居住した遠江の藤原氏流井伊忠直の子三郎直房を祖とし、永禄3年（１５６０）井伊谷城主井伊直盛が出陣の時城を守った中野越後守や、永禄6年、今川軍の将として飯尾連竜を攻め討死した井伊老臣の中野信濃守がある。尾張の中野氏は藤原氏流中野三郎景信の後裔で、中野新兵衛守房は今川氏真に仕え、後に紀伊藩祖頼宣に仕えた。天正期、富士郡下小泉村（富士市）を開発した芝切5人に中野行蓮があり、その子孫は代々里長をつとめ勘兵衛を称した。慶長の頃、志太部相賀村（島田市）の養徳寺を開基した孫右衛門もあり、岡部宿の本陣中野氏は慶長期より続く。駿東郡我入道村（沼津市）の中野氏は貞享年間から代々法印を称して医業を続け、快英を初代とし融光、元教、慧亮、玄了と続き10代啓覚は医師開業免許第1号の所有者。

元和期、中泉代官となり豊田郡七蔵新田（豊田町）を開発したのは幕臣中野七蔵重吉。榛原郡下長尾村（中川根町）八幡宮神主の中野甚左衛門安光の祖は、関東から移住したと伝える。天保の頃、伊豆三島の中野知得は江戸の棋士安井仙角の後嗣となり、安井仙知と改名した。その子算知も碁技に秀でた。

中村（なかむら）

中村姓は全国ランク8位の大姓で県ランクも10位。全国地名ランク1位という。西部に多く本川根、雄踏町は町ランク1位。豊臣秀吉の出身地の尾張国中村郷発祥は近江佐々木氏流、甲斐国中村庄からは武田氏流と毛野氏流が起こり、相漠国中村庄発祥は桓武平氏村岡氏流という。遠江国小笠郡中村（小笠町）から発祥した中村氏は紀氏流で、中納言紀長谷雄9代孫の大内記紀遠定が中村領主となり、その子忠遠が中村紀三郎と称したに始まる。戦国期には今川家臣の左衛門尉、千太郎や周智郡の天野氏被官の兵衛太郎、太郎兵衛などがある。

浜名郡宇布見村（雄踏町）の中村氏は現代まで30数代続き、初代の兵部之助正範は源頼朝の弟範頼の7男で大和国中村城主、子孫の正澄は南朝方の将として各地に転戦したという。文明年間、新左衛門尉正実が今川範忠に招かれて遠江国大橋郷に来住し、後に宇布見等の敷智郡五ヵ荘を領地したので宇布見に移住した。正実4代孫の源左衛門尉正吉は今川義元に仕え、後徳川家康に仕えて運糧監となり、この家で家康の長子秀康が誕生し4歳まで育ったという。正吉の二男善右衛門正辰はその縁で越前領主結城秀康に仕えた。正吉の子孫は代々代官をつとめ、幕末まで浜名湖の航海権を支配した。榛原郡下川根村（川根町）の中村氏は平治の乱に敗れた源義朝を謀殺した桓武平氏長田忠致の後裔と伝えられ、忠致は義朝の子頼朝の追及を逃れて遠江の山間にかくれ住み、子孫が長田姓を捨て中村に改姓したという。

駿河浅間神社（静岡市）社家の中村氏の祖は信濃国中村郷発祥の中村連の後裔といい、延喜元年（９０１）中村勝宗が大宮（富士宮市）より浅間神社を勧請した時、神主となり、中村姓の他新宮氏をも名乗った。天正期、浅間神職の中村左近将監昌貞、子吉勝は母姓の三枝氏を称し徳川家康に仕えた。『駿河志料』の編者中村高平はこの族裔である。富士郡原田村（富士市）の中村氏の祖、中村彦次郎吉久は天文の頃、北條氏に属し、後に武田重臣穴山信君に仕え、今泉村（富士市）の中村五郎右衛門吉清は元和元年（１６１５）孝子として幕府から表彰された。駿東郡に東山湖を築き東山を開拓して東山村（御殿場市）に移住した江戸商人、大阪屋長右衛門は、もと豊臣秀頼家臣の中村長右衛門正俊という。この他、駿河には青部村（本川根町）の熊野天王社神主を代々世襲した中村氏、囲碁の大家として知られる沼津の中村正平、久能勤番與力の中村氏などがある。

伊豆の中村氏の先祖は伊勢国人で、中村民部国房の時、相模国梅沢、新井の二城にいたが、三浦導寸に敗れ賀茂郡吉佐美（下田市）に逃れ、後に大賀茂（下田市）に曹洞院を建立した。その子式部氏重は豊臣秀頼に属して大阪の陣で戦死し、子の清右衛門氏親は見高（河津町）にかくれ、長男三郎右衛門は帰農し、二男忠兵衛道味は下田に移住す。三郎右衛門の孫喜一静翁は江戸中期、医者として名をなし天明飢饉の時は救恤に尽くした。北條家臣の中村氏は永禄初期、長伏（三島市）、多田（韮山町）、花坂（伊豆長岡町）を領知した。宇佐美村（伊東市）出身で幕臣となった中村（旧姓佃）武兵衛の子に明治初期、教育界に尽くした中村敬輔正直（敬宇）がある。

橘姓中村式部少輔一氏は豊臣秀吉に仕え、天正18年（1580）駿府城主となり、弟の彦右衛門一栄は沼津城主。一氏の弟右近の孫勘三郎は江戸歌舞伎中村家の初代。

中山（なかやま）

中山姓の県ランクは全国とほぼ同位の84位。掛川市周辺に多い。中山氏には、藤原北家流の公卿中山家をはじめ伊勢外宮祠官の度会《わたらい》氏流、三河国渥美郡中山村発祥の安倍氏流などがある。観応2年（1351）駿河狩野氏と共に今川氏と戦った中山三郎右衛門、永正期、荒井（新居町）中之郷領主の今川家臣中山民部や中山新八郎がある。小笠郡門屋村（浜岡町）高杉神社神官家の中山氏の開祖は祝部《はうりべ》高行といい、大治2年（1127）より連綿継続し、治承5年（1181）祝部吉弘は源頼朝より笠原庄神領を安堵される。子孫は中山を称し、貞和3年（1347）頃は中山左衛門尉高行、天正期は中山惟長といい、寛政期の将監吉埴は国学者として名がある。

天正の頃、高天神城（大東町）城主小笠原長忠の家臣に中山是非之助がある。姉川7本槍の1人と呼ばれ、今川氏に仕えて榛原郡湯日村（島田市）を領したが、天正2年（1574）高天神城開城後は武田氏に仕え、後に北條氏に仕えた。北條氏滅亡後は浪人となり岡崎で没した。『家譜』によると是非之助武久は内蔵介氏武の子で、弟の又次郎和夫は富永主水之介の養子となって富永主水之介知久と名乗り岡田村（島田市）に住んだ。永禄初期、今川家臣に中山新八郎があり、江戸時代の寛文年間に久能勤番同心の中山氏、駿府浅間社家でもと戒定坊の中山氏、幕末期に金谷代官となって北遠を支配した幕臣中山誠一郎などがある。

長倉・永倉（ながくら）

長倉姓は県ランク259位、静岡、沼津市で全数の80％を占める。全国では2000位にも入らない。永倉姓は静岡市に集まるが数は少ない。長倉と永倉は混用されている。清和源氏流佐竹氏から出た長倉氏は佐竹秀義の後裔、遠江守義綱が常陸国那珂郡長倉村に住み長倉三郎と称したに始まる。遠江の永倉氏は清和源氏流で、永倉七左衛門重弘は今川氏真に仕えて遠江小山（吉田町）に住み、その子重安は徳川家康に仕え子孫は幕臣。駿河には承久3年（1221）より駿東郡大平郷（沼津市）の富南城を守ったという永倉氏があると伝え、安倍郡中沢村（静岡市）の芝切8家の中に永倉氏がある。

駿河の長倉氏は源義経の郎党常陸坊海尊の末孫で、長倉佐渡守が陸奥国塩釜神社神職をやめて、安倍郡落合村（静岡市）に移住したという。応永（1394―1428）の頃、長倉孫右衛門があり、子孫は安倍7騎の1人に数えられ横沢村（静岡市）の里長をつとめた。鎌倉期、阿野庄（沼津市）に住む源頼朝の弟阿野全成が謀反して処刑された時、全成の首級を持ち帰り葬った郎党4人の中に駿東郡柳沢村（沼津市）の長倉平左衛門があり、寛政年間、足高馬牧に勤仕した近郷の住人に長倉麻蔵がある。

長澤（ながさわ）

長澤姓は清水市が最多で県ランク142位。清和源氏今川氏流は今川国氏の後裔、直幸が長澤を号し、北駿の藤原氏族大森氏流の長澤氏もある。天正18年（1590）頃、駿河領主中村式部少輔一氏の家臣で駿東を支配した長澤藤右衛門尉秀綱がある。清水の長澤氏の先祖、長澤近江は三河武士であったが、慶長年間に下清水に蟄居したという。徳川氏の族葉の長澤松平氏は松平親則が三河国長澤村に住んだ事に始まる。

駿東郡原（沼津市）の松蔭寺住職の自隠禅師は「駿河にすぎたるものが二つあり、富士のお山に原の白隠」と里人にうたわれ、道元禅師と共に禅宗の2大巨匠とも、臨済禅中興の祖ともいわれる高僧で、貞享2年（1685）原の長澤氏に生まれ、伊豆澤地村（三島市）に龍澤寺を建立した。この長澤氏の祖は身延の奥の甲斐国長澤村から原に移住したとも、富士浅間神社社人とも伝えられ、身延から井出（富士宮市）にかけて分布する長澤氏と同族といい、江戸後期には原宿問屋の長澤氏、愛鷹牧勤仕の長澤氏、伊豆韮山代官江川家臣の長澤與四郎などもある。

長島・永島（ながしま）

長島姓は県ランク108位、静岡市、伊豆西海岸に密集し、賀茂村では3位。天正年間、駿府豪商に長嶋與左衛門吉広、内匠村（静岡市）に今川旧臣の長島氏、中之郷村（藤枝市）に長島松兵衛、内右衛門がある。安倍郡の豪族安倍元真の兄といわれる長島兵太夫の一族の長島甚太右衛門は安倍7騎の1人で今川氏没落後武田氏に属し、子孫は上落合村の庄屋となる。那賀郡の長（永）島氏の祖は前北條氏の浦代官をつとめた相模の長（永）島氏と伝えられ、永島四郎左衛門房重の子、長島丹後守重村は田子村（西伊豆町）に住む。

永井・長井（ながい）

永井姓は西部に多く県ランク123位。長井姓は少ない。相模国長井郷より起こったのは桓武平氏三浦氏流。永禄初期、今川義元家臣に永井寛次郎、今川氏真近臣に長井氏があり、富士山麓根原関を守備したのは長井文右衛門。永井祐重郎は慶長11年（1606）、駿東郡杉名沢村（御殿場市）を開発し名主となる。武田旧臣永井弥四郎らは三島宿に林光寺を建立し、旧主の子故信を開山にしたという。三河系には寛永年間、駿府在城の永井信濃守、享保末期の駿府代官永井孫次郎がある。

甲斐の長（永）井氏は甲斐国長井庄発祥の大江氏流と武蔵国長井庄発祥の斉藤実盛後裔の藤原氏流の2流があるという。

永田（ながた）

永田姓は西部に多く県ランク102位、浅羽町は6位。有度郡長田村（静岡市）発祥の長田姓はオサダの項に記す。大井川上流の身成村（島田市）に正治元年（1199）永田左衛門宗光が住み、子孫は代々源右衛門を名乗り、庄屋をつとめたが、明治になってから森田に改姓したという。この永田氏は長田郷（静岡市）の長田忠致、景政父子の族裔ともいう。永田太郎左衛門は横須賀（大須賀町）城主井上氏の縁者であったので元和年間、丹野村（小笠町）名主から一躍、3000石の家臣となり、一族の永田権六郎は1500石を給せられた。宝永年間、榛原郡吉田村井口に永田氏があり、享保期の子孫喜太夫は大徳寺を再興。山名郡新貝村（磐田市）八幡宮神主の永田氏は藤原氏流といい、篠原村（磐田市）山王権現神主にも永田氏がある。

夏目（なつめ）

夏目姓は全数の80％が西部に分布し、県ランクは279位。清和源氏流は源満快の後裔国忠が源頼朝に仕え、信濃国伊那郡夏目村の地頭職となり、その子孫が夏目を称した。三河夏目氏はこの一族で、夏目吉久の子、次郎左衛門吉信は徳川家康に仕えて三河、遠江の郡代を務め、三方原の戦で家康の身代わりとなって討死。

「夏目記」に、播州赤松入道円心の二男、有田肥前守朝則が二男、越前大目定朝は鎌倉公方へ出仕し、武蔵、上野2国の内にて2郡の司となる。子孫「夏目」を称すとある。寛永2年（1625）駿府町奉行に夏目源左衛門がある。江戸後期、白須賀村（湖西市）の国学者夏目嘉右衛門甕麿《みかまろ》の家は代々造酒業で名主役をつとめ、甕麿は内山真龍や本居宣長に学び、長男の諸平は三柿園と号し紀伊加納氏の嗣子となり、幕末期、藩命により『紀伊続風土記』などを編集した。鵺代《ぬえしろ》村（三ヶ日町）の夏目氏は3ヵ村兼帯の大庄屋をつとめた。

《に》

西尾（にしお）

西尾姓は西部に多く県ランク229位。清和源氏流西尾氏は三河国幡豆郡西尾村より起こり、足利義氏の後裔で西尾城主吉良義安の三男隠岐守吉次の子孫という。吉次の孫丹後守忠昭は慶安2年（1649）田中城主、その子隠岐守忠成は信濃小諸より天和2年横須賀（大須賀町）城主2万5000石に入り、子忠尚の時3万5000石となり、明治維新まで186年に亘って横須賀を領した。足利氏族今川氏流は今川氏真の子安信、孫以庸が西尾を称したに始まる。福岡港（相良町）の回船年寄役の西尾太郎兵衛は寛永元年（1624）相良村の浄心寺を開基、見付宿（磐田市）の産神惣社神主は西尾式部といい、豊田郡友永村、下村、大日村（以上袋井市）の西尾氏は代々庄屋をつとめ、三河西尾氏の族裔という。

西川（にしかわ）

西川姓は県ランク221位。信濃村上氏流は陸奥守村上頼清の後裔、上野三郎康宗の孫蔵人基清が西川蔵人と称したに始まる。紀伊国には源満仲の後裔や貴志党の西川氏、相模国には北條家の医師西川氏や永禄初期、伊豆東福寺（西伊豆町か）を知行した北條家臣西川藤四郎がある。

西島（にしじま）

西島姓は東部に分布し特に大仁町は町ランク4位、県ランク226位。藤原氏流西島氏は波多野義景の孫時忠が甲斐国に住んで西島を称した。穴山梅雪信君の家臣西島七郎右衛門は鉄砲の名手で天正2年（1574）の高天神城（大東町）攻めの時、城方の将本間氏清を射殺した。永禄初期、北條家臣の西島藤次郎は伊豆修善寺、熊坂（修善寺町）を知行した。江戸時代、伊豆軽野神社（天城湯ヶ島町）社家や田京（大仁町）深沢明神神主、千福村（据野市）十二社権現宮守の西島氏などがある。浜松に生まれた西島八兵衛は江戸初期、伊勢国津藩主藤堂高虎、高次2代に仕え、多くの土木建築工事を完成させた名奉行で、水分神社に祀られている。

西村（にしむら）

西村姓は余国では80位台というが県ランクは151位。東の村に対して西の村という事から生まれた地名だけに各地にあり、系統も諸流ある。甲斐国発祥の西村氏は清和源氏武田氏流で一宮駿河守信隆の子、駿河守信賢が祖という。富士郡の西村宮内衛門尉は武田氏に属し深沢（御殿場市）を、西村内記は安西新田の内（静岡市）を知行する。

駿府の西村忠実有節は竹茗堂と号し俳階、和歌に長じ、茶道に堪能で天明期、安倍茶の発展に尽くした。養子の2代目竹茗堂謹節は沼津の人で茶道、楽焼をよくした。

西山（にしやま）

西山姓は全数の40%を沼津市が占め県ランク246位。駿河の西山氏は紀臣族大宅氏流で大宅大三大夫光任の曾孫大次郎光延は源頼朝より高橋（清水市）、由比（由比町）、西山（芝川町）を与えられ、その子季光が西山に住んで西山大八と称した。季光の孫季吉、その子八郎吉清は足利尊氏に属し桜野合戦で討死。光延の娘妙福は大井光重に嫁し、その子が日興上人。甲斐の西山氏は斎籐氏族後藤宗明の子公明が西山五郎と称したに始まる。

《の》

野口（のぐち）

野口姓は全域に分布し県ランク251位。三河国野口村発祥は藤原氏流と熱田大宮司家流。信濃国野口村からは工藤氏流が起こり、源流はすべて藤原氏という。江戸中期、豊田郡草崎村（磐田市）の回船問屋野口清右南門利長の子、野口在色《ざいしき》は俳人として名がある。明暦の頃、野口甚九郎は私財を投じて舞坂宿の渡船場に雁木《がんぎ》を建設した。

野澤（のざわ）

野澤姓は西部に多く引佐町は町ランク2位、県ランクは255位。信濃国佐久郡野澤村発祥は清和源氏小笠原氏流の伴野太郎左衛門義一が野澤に改姓した。甲斐の野澤氏は信濃野澤氏の分流で、八代郡に住み戦国期は武田氏に仕えた。永禄初期、今川家臣に野澤左京亮があるが信濃野澤氏か。明和の頃、甲府与力村瀬為信の子で、歌人として名のある医者の野澤昌樹は甲斐国から駿府丸子に移住した。先祖は信濃国野澤村発祥の武田氏流といい、弟に山県大弐がある。

野末（のずえ）

野末姓は浜松、浜北市の周辺地域に分布し、引佐町では町ランク3位。東、中部では稀少な姓で県ランク２４２位。引佐郡伊平村（引佐町）の住人で井伊谷３人衆の鈴木三郎大夫の弟の出雲守に仕えた野末角左衛門がある。元亀２年（１５７１）、武田軍の遠江侵略の時武功をあらわし下都田村（浜松市）の芝切７人の１人に数えられる。

野田（のだ）

野田姓は全国では50位内に入る大姓だが、県ランクは１１３位。沼津市に多く戸田村では村ランク３位。野田姓の発祥地は多いが、伊勢国発祥の野田氏は村上源氏流北畠満雅の子顕房が野田を称し、４代孫成次は松木姓に変え、その孫安成の時野田に復姓し甲斐野田氏の祖となった。慶長の頃、駿府安西（静岡市）に住んだ鉄砲師野田善四郎清堯（繁慶）は後に刀匠となり、その子に繁昌がある。元禄５年（１６９２）から10年間、島田代官となった幕臣野田三郎左衛門があり、元文年間、中泉代官に野田甚五兵衛古武、寛政期の駿府代官に野田松三郎政晟がある。伊豆多賀村（熱海市）の野田氏は多賀大明神の神主職をつとめ、正徳年間は野田大和守藤原光治とある。

野中（のなか）

野中姓は浜松周辺に多く県ランク１６８位。清和源氏系の掘江氏流、小笠原氏流や春日氏流などがある。掛川城主山内一豊の家老、野中久助益継は山内氏の移封に従って土佐高知に移住し、子孫に野中兼山が出た。永禄5年（1562）東駿の葛山氏被官に野中源左衛門尉があり、徳川家康家臣の野中三五郎重政は天正7年（1579）、家康の命により佐鳴湖東岸の小藪（浜松市）で家康の正妻築山御前を殺したが、子孫は後に水戸家の重臣山野辺氏に仕え明治に至るまで300年間、代々築山御前の供養を続けたと伝えられる。この野中氏は掘江氏流という。

武田家臣の横田尹松（内匠助公氏）は天正年間、高天神城（大東町）を守り、その子智岸は武田氏滅亡後、丸子（静岡市）に閑居し、武田浪人野中三左衛門（女之助）が横田氏を継いで本陣になったという。この野中氏は清和源氏流で甲斐国山梨郡室伏村に住み甲州金座役人という。江戸初期の駿府商人に野中清右衛門があり、引佐郡麁玉村（浜北市）に元禄年間、野中源左衛門がある。

野村（のむら）

野村姓は県ランク195位だが、全国では80位内という。宇多源氏佐々木氏流は近江国浅井郡野村郷より起こり、加地三郎左兵衛盛綱の二男左衛門尉盛季が野村郷を領し、野村小三郎と称したに始まる。盛季5代孫の光宗の弟演意は伊豆修禅寺の住持となる。近江野村城主野村彦大夫為道の子為勝は徳川秀忠に仕え、寛文年間の駿東御厨（御殿場市）代官の野村彦大夫はこの後裔。清水入江の問屋野村氏は藤原氏流で天正以前から住み、先祖は武田家臣で長谷川を称したといい、孫兵衛郷続の時より野村を称したという。横須賀西尾藩医の野村養樹は石津村（大須賀町）に新田を開発し、仁田村（榛原町）の野村氏は名主を世襲した。伊豆には延徳3年（1491）頃、韮山城堀越御所の足利政知家臣に野村重政があり、三島宿の野村氏は正徳4年（1714）より代々名主をつとめた。

《は》

長谷川（はせがわ）

長谷川姓は全国で20位内の大姓で県ランクも36位。全域に分布するが焼津市は市ランク6位。駿河には、後鳥羽上皇の勅命を受けて建保2年（1214）京都より藤枝に来り、久能大膳大夫藤原定昌を討ち、その功により藤技瀬戸郷を賜ったと伝えられる長谷川氏がある。益頭郡小川村（焼津市）の長谷川氏の先祖は藤原秀郷10代孫、小河次郎政平から3代後裔の小川次郎左衛門正宣といい、正宣は大和国長谷川村に居住して長谷川を姓としたとも、また坂本村（焼津市）地頭加納彦右衛門尉義久の子ともいわれる。正宣は後に小川（焼津市）に移住して長谷川長重の女婿となり、今川範忠、義忠に歴仕して義忠の子竜王丸（氏親）の擁立に尽くし、林叟院を開基し法栄（永）長者と呼ばれた。正宣の子藤九郎元長は今川氏親、氏輝、義元3代に仕え藤枝城主。元長の子紀伊守正長は義元に仕えて徳一色城（藤技市）を築くが永禄12年（1569）、武田勢に攻められて遠江に退き、今川氏没落後徳川家康に従い、三方原合戦で弟の藤九郎政久と共に討死した。正長の子、長男藤九郎正成、二男修理宣次は徳川家康に仕え子孫は幕臣、三男久三郎正吉も徳川秀忠に仕えた。

志太郡大草村（島田市）の長谷川氏は小河の長谷川氏の一族で、大和国伏見郷の藤原氏流長谷川大膳亮充長の後裔といい、初代長谷川三郎兵衛長久が永禄の頃、大津郷（島田市）に住み、その子藤兵衛長盛は大草村に住んで天正年間（1573－92）徳川家康に仕え島田代官をつとめた。長盛の子孫は代々藤兵衛を名乗り、長親、長勝、長春、勝峯と5代島田代官を世襲して名代官といわれ、元禄5年（1692）勝峯の時、遠州代官に転じ、川井村（袋井市）へ移った。長盛の兄宗安は水軍の将向井正重の養子となり、弟長綱は徳川家康に仕えて慶長年間、駿河入江（清水市）の代官となった。一族の助右衛門重良は今川義元、氏真に仕えたが、子の源左衛門安重は武田信玄に属し、その子九兵衛安勝は元和9年（1623）、3代将軍家光に仕えた。佐々木右馬允高友は応永年間足利将軍に仕え、8代孫の右馬允高信は元和9年、駿河に来住して長谷川八郎兵衛と名乗り、吉原（富士市）に住んで寛永14年（1637）から本陣となった。北條家臣の長谷川志摩守平近秀は小田原役（1590）の時、箱根山中城（三島市）を守備して戦死し、長谷川左兵衛は大平城（沼津市）を守った。

遠江の長谷川惣兵衛尉は武田氏に属し、榛原郡門原、安堀（榛原町）の所領を安堵され、三沢村（袋井市）の長谷川平四郎は今川氏に仕え宇刈7騎と呼ばれた。幕末期、川袋村（竜洋町）の長谷川貞雄は遠州報国隊に入り、明治になって海軍主計総監、後に貴族院議員となった。

袴田（はかまだ）

袴田姓は全国では3000位内にも入らないが県ランクは83位で本県特有の姓、全数の90％は西部で占める。遠江袴田氏は藤原氏流の寺田右京進真宗の子利宗が袴田を称したに始まり、井伊直盛家臣の袴田甚八は永禄3年（1560）、桶狭間で主君直盛と共に戦死する。慶長期の佐野郡下股村（掛川市）利の神社神官は袴田善兵衛栄価、引佐郡都田村（浜松市）の庄屋袴田氏の先祖袴田五郎左衛門は橘氏流で、南朝忠臣の楠木氏と由緒があり、元和年間は十郎兵衛という。江戸初期、橘氏流という袴田惣兵衛正親は磐田郡二俣村（天竜市）に永住し、その孫福道の孫、甚右衛門喜長は私財を投じて水害防止に尽くした。敷智郡小松村（浜北市）の袴田勘左衛門は弘化年間、農村開発に尽くす。阿波藩蜂須賀家の家老袴田九郎兵衛は阿波藩が大井川水防工事を幕府から命ぜられた時、初倉村（島田市）に出張して築堤工事を指揮したという。

萩原（はぎわら、はぎはら）

萩原姓は全域に分布するが、特に静岡市周辺に多く県ランク70位。甲斐国山梨郡萩原村発祥には三枝氏族赤松氏流と武田常陸介昌勝を祖とする武田氏流と村上源氏流とがあり、いずれも武田氏に歴仕した。永禄初期、今川家臣に萩原源右衛門、平八郎などがあるが甲斐萩原氏の族裔か。有度郡の萩原氏の祖は橘氏流の長田入道の末裔とも、藤原氏の後裔とも伝えられる。天正年間、萩原源蔵は武田氏に仕えたが武田氏滅亡後、西脇村（静岡市）に閑居し、延宝年間、萩原左兵衛法正がある。大里村（静岡市）の萩原氏は同族で、源八（宗仲か）の子宗本は大力で徳川家康より賞されたという。駿府に居を構えた萩原氏の子孫に幕末期の学識者萩原久訓があり、その子石斎は画家として著名であり、城東郡比木村（浜岡町）の萩原氏は江戸初期、比木原を開発し大庄屋をつとめる。

伊豆の萩原氏は甲斐萩原氏の末裔と伝えられ、小坂村（伊豆長岡町）に『増訂豆州志稿』を著した国学者萩原正平直胤がある。

橋本（はしもと）

橋本姓は静岡市周辺が多く、県ランク78位だが全国では25位。天文の頃、駿東郡口野村（沼津市）の地侍、橋本源左衛門、内三、図書助は北駿の豪族葛山氏に属し、後に北條氏に従ったが、北條家臣には相模14家に数えられた佐々木氏流橋本氏があり、橋本外記は大平郷

（沼津市）を知行し、橋本兵部は韮山城に加勢した事などがあるから相模橋本氏の一族か。享保期以前、箱根の笹原新田（三島市）を開拓した橋本三左衛門は大平村の出という。志太郡五十海村（藤枝市）の橋本藤八は徳川家康に柿を献じて喜ばれ、それ以来「藤八柿」の名がつけられたという。遠江の橋本氏は浜名郡橋本郷（新居町）より発祥し、戦国期、今川家臣に橋本宮内、四万助がある。

服部（はっとり）

服部姓は全域に分布するが焼津市に特に多く県ランク127位。服部はハトリベと読み、機織《はたおり》を職とした古代職業部の一つで、これらの人々の居住地を服織《はとり》庄、服部郷と名付けたので各地にこの名がある。安倍郡服織庄（静岡市）もその一つで、古くは服部氏が住んでいた。天文年間、服部源左衛門康高は伊賀国から駿河国に移住して今川義元に仕え、その子助之丞康次は今川氏真に仕えたが今川氏滅亡後、高天神城（大東町）小笠原与八郎長忠に属し、子の康信からは代々徳川氏に仕えた。島田宿の豪商服部氏は武田遺臣といい、代々新五郎を名乗るが元禄、享保の頃、善右衛門が問屋職を務めた。引佐郡都田村（浜松市）の富田氏から入婿した服部菅雄は国学者、歌人として名高い。幕臣服部久右衛門久勝は文化4年（1807）駿府町奉行となり『駿河国大地誌』の編纂を企画し、山梨稲川を総裁として地方の学識者に委員を委嘱した。『石見志』に服部孫左衛門は伊豆国の服部氏の出で、その子善右衛門は伊豆在住の時、功績があったとある。伊豆には正保年間、下田名主の服部九郎右衛門尉行房がいたが、その一族か。

早川（はやかわ）

早川姓は全域に分布し県ランク２２２位。藤原氏流は伊東祐親の孫祐朝、祐光兄弟を祖とし、清和源氏流は武田伊豆守信光の子信平が甲斐国南巨摩郡早川村に住んで早川を称し、戦国期に武田家臣早川豊後守正信、弥三衛門信重などがある。桓武平氏流は相模国足柄部早川村より発祥。永禄初期、今川家臣に早川主水助があり、志太郡大村（焼津市）の開発者７人は七社明神に祀られているが中に早川氏がいる。

林（はやし）

林姓は全域に分布し県ランク88位だが、全国では20位に入る。早矢仕姓もある。天平11年（７３９）伊豆国に林連毛人があり、林稲麻呂は延暦４年（７８５）伊豆国に配流された。伊豆の藤原氏流狩野維次４代の孫家俊は林二郎と名乗り、相模の林氏は桓武平氏三浦氏流という。天正二年（１５７４）、高天神城（大東町）小笠原衆に林平六、吉兵衛がある。徳山村（中川根町）の神官林氏は天慶２年（９３９）、この地に来住し荒地を開拓して産土神《うぶすなかみ》を祀り、後に徳山大神宮と称したと伝え、天正期は左衛門大夫という。幕末期、林伊太郎長孺

（鶴梁）は中泉代官を務め、学者としても著名で名代官といわれた。また引佐郡に林春鶴、掛川宿に本陣林氏がある。

原（はら）

原姓は県ランク75位。東部に多いが由比町では町ランク3位。原の地名が多いだけに発祥地も多く諸流がある。遠江、駿河から発祥した原氏は藤原氏族工藤氏流で、藤原鎌足の後裔、遠江権守藤原為憲5代孫の維仲が原工藤大夫と号し、その子師清が佐野郡原之庄（掛川市）を領して居住し原を姓としたとも、また師清が駿東郡原村（沼津市）に住み後に駿河権守となって原を称したとも伝えられる。

遠江の原氏は師清の子孫で、原之庄（原田荘）を領して15代本郷城（掛川市）に住み、平安末期から戦国期までこの地方で栄え、子孫は遠江36人衆といわれた豪族。師清の後は清仲―清行―清益―忠安―範忠―忠泰―忠益―忠清―忠政―忠頼―頼景―頼方―頼郷―頼延と続き、清益は源頼朝に属し遠江地頭職となって遠江国に住んだと伝えられるが、『駿国雑志』には世々駿河国に住すとある。『平家物語』や『東鑑』の各所にこの一族の名が見え、相良、久野、橋爪、孕石、中庄などの各氏はこの支族。忠益は元徳年間、細谷郷原田村（掛川市）地頭職で南朝方に属し、忠頼は足利将軍義教に仕え、遠江守頼景は明応6年（１４９７）今川氏親に降り、これより代々今川氏に従属する。武蔵守頼延は今川氏衰亡後、武田氏に属し元亀4年（1573）徳川方の久能宗能らに攻められ城を捨てて安芸国竹原に退去し、慶長の役後、主君毛利氏に従って長門国萩に移住したが、頼延の一族で遠江国に残留した子孫は現存するという。佐野郡中之谷城（掛川市）は原氏10代の居城で、原武蔵守永政の時今川義忠と戦って敗れ、文明14年（1482）没落し子孫は小澤を称したという。

駿河の原氏には師清と同流の入江清定5代孫、祐清が原八郎と称し、また同流の入江氏族船越清房の孫、駿河守清道の子左衛門尉隆房が駿河国原（沼津市か清水市）に住んで原を称したという。永禄13年（1570）、今川家臣に花澤城（焼津市）を守備した原十度兵衛や原左近大夫がある。駿東郡大平村（沼津市）の原氏はこの地の桃源院住職が甲斐の原加賀守昌俊（昌胤の父）の弟であった縁故で、武田氏滅亡後、一族で武田旧臣の原宮内左衛門、縫之助、水主、馬之丞の4人が来住したという。戦国期、武田氏に仕えた甲斐原氏には2流があり、武田家譜代家老で高畑村に住んだ清和源氏土岐氏流原氏で武田24将の1人に数えられる原隼人佑昌胤の系統と、下総国守護職千葉介常胤の後裔で、もと下総国小弓城主であった鬼美濃の異名のある武田24将の1人、原美濃守虎胤の系統がある。大平村の原氏は土岐氏流であるが、伊豆には虎胤一族が下総国を追われた時、移住した千葉氏流の原氏もあるという。

原田（はらだ）

原田姓は県ランク59位。原田の地名は各地にあるから原田氏は諸流ある。藤原南家工藤氏流の原田氏は佐野郡原田庄（掛川市）より発祥し、遠江権守清仲の子清延が原田権守と称したに始まる。永禄初期、今川家臣に原田六郎左衛門、郷右衛門があり、天正初期に大須賀康高に属した原田七兵衛、藤右衛門がある。九州筑前国原田村発祥の桓武平氏支流原田種直は平家に味方して囚人となり、赦されて鎌倉から故郷に帰る途中三河国に閑居し、後裔の原田種吉は徳川家康に仕え、その子種貞は横須賀村（大須賀町）に住み子孫は旗本となった。江戸中期には官林監理役の御林守をつとめた榛原郡千頭村（本川根町）の原田清三郎や地頭方村（相良町）の原田角右衛門もある。

《ひ》

日吉（ひよし）

日吉姓は東部にしかない姓で伊東市は全数の50％を占める。県ランク206位だが全国では1000位外。日吉はヒヨシともヒエとも読み、ヒエは日枝に通じ、日吉氏は日吉郡や日吉（日枝）神社の社家から起こった。大岡庄（沼津市）惣社日枝神社神主に天文3年（1534）頃、日吉能登守があり、寛文8年（1668）興津宿問屋に日吉郷左衛門がある。

平井（ひらい）

平井姓は県ランク158位、清水市に多い。遠江の藤原姓井伊氏後胤の平井氏は井伊共保

8代の裔直時が祖、甲斐の平井氏は清和源氏流の逸見清光の子四郎清隆の後裔。『東鑑』の早河合戦にみえる平井紀六久重は平家方に属し源頼朝の郎党工藤景光に捕えられるが、伊豆国平井郷（函南町）の住人で紀氏流という。『豆国史記』によると、承和元年（834）、平井権中将藤原秋兼という公卿が伊豆月見岡阿原庄平井郷に住み、平井の地名はこれより起こると伝える。江戸後期、下田町年寄役の平井平次郎は『下田年中行事』を著した。天正期、金指村（引佐町）の芝切人7人の中に平井平兵衛があり、川崎村（榛原町）の平井治六の子顕斎は、渡辺崋山の門下となって江戸後期の画人として名をなした。

平田（ひらた）

平田姓は平均分布で県ランク219位。古代姓に平田忌寸《いみき》で平田宿禰《すくね》があるから平田姓は古い。遠江の奥山因幡守朝利の娘於徳《おとく》は平田三郎左衛門森重の妻となり、森重の後は朝森、森久と続き、森久の長男は金左衛門森次、次男を伝左衛門森家という。この平田氏は天文期以前から今川氏に仕え、榛原郡相良村に居住した。沼津代官野村彦太夫の家臣に平田三郎右衛門がある。

平野（ひらの）

平野姓は西部に多く浜北市、豊田町は市町ランク4位に入る。県ランクは49位。遠江平野氏は源満政10世の孫、平野冠者重秀の子孫が美濃国平野郷から移住し、代々加茂村（豊田町）に居住して今川氏に属した。平野三郎右衛門重定は初め今川義元に仕え義元の戦死後、徳川家康に仕えて加茂、向坂の代官となり寺谷用水を創始した。子孫は享保4年（1719）の三郎兵衛重賢の代まで加茂代官を世襲する。岩井寺村（掛川市）に文安元年（1444）、平野氏が住むというが未詳。

駿河平野氏は今川旗下の孕石氏の一族で、平野作右衛門は今川氏に仕え所領地の藤枝鬼岩寺に住み、天正年間、平野藤八右衛門は鬼岩寺政所を務め子孫は代々里長。志太郡滝沢村（藤枝市）の平野氏も孕石氏族という。

平松（ひらまつ）

平松姓は沼津市に多く県ランク277位。大須賀町は町ランク7位。近江国平松村より起こる伴姓平松氏は最も栄えるが、永禄初期、今川家臣の平松二郎三郎は橘姓の三河平松氏の族か。豊田郡上野部村（豊岡村）に元和3年（1617）、平松又左衛門があり、寛政9年（1797）、平松甚左衛門は西大淵村（大須賀町）に千手観音を勧請した。

廣瀬（ひろせ）

廣瀬姓は沼津市に多く県ランク233位、全国では80位台。天平（729—49）の頃、伊豆国に安倍氏族の廣瀬臣光《おみひかる》があり、塚本村（函南町）の廣瀬氏の祖は太田道灌の末裔の北條家臣で、小田原落城後（1590）、来住し、近隣の安久村（三島市）の廣瀬氏は戦国期より続くという。寛政9年（1797）足高山馬牧（沼津市）に勤仕した近村の住人に広瀬三郎兵衛、清太郎がある。甲斐国八代郡廣瀬村発祥は武田氏流で山梨県下に広く分布するが、東部にもこの流裔があるという。永禄初期、今川義元家臣に廣瀬吉三郎があるが、甲斐廣瀬氏の出か。

《ふ》

深澤（ふかざわ）

深澤姓は清水市に多いが由比、芝川町は町ランク1桁台、県ランクは48位。甲斐国山梨郡深沢村発祥は清和源氏流秋山帯刀《たてわき》左衛門光章の孫、六郎左衛門尉光盛を祖とし、信濃国伊那郡深沢村より起こるは、諏訪行衡が深澤四郎と称したに始まる。富士郡大鹿村（芝川町）の深澤氏の祖は梶原氏追討の三澤次郎の後裔、三澤昌弘といい、貞永年間（1232―33）、淡路国より移住してきたという。庵原郡貝伏《かいぶせ》村（清水市）の深澤氏は、天正10年（1582）天目山で滅亡した武田遺臣の深澤小次郎の一族が、竜爪山麓に逃げてきて永住したという。甲斐武士の隠れた地なのでいつか貝伏という地名になったという。河合野（清水市）の深澤氏の先祖は貝伏深澤氏の一族の深澤左衛門次郎と伝えられ、慶長の頃からこの地の里長をつとめた。駿東郡の深澤八郎左衛門は天文年間、深沢村（御殿場市）を開発したが、後に田方郡（大仁町）に移り、一村を開発して深澤村と名付けたという。今川家臣に深澤備後守正長があり、沼津水野藩医の深澤雄甫文温の先祖は武田氏旧臣という。

福井（ふくい）

福井姓は静岡市周辺に多く県ランク260位。建久の頃、藤枝の福井左衛門尉憲順は熊谷蓮生坊（直実）の仏縁により蓮順と号し、蓮生寺を開基。『丹波志』によると、丹波国天田郷の福井氏の祖は駿河国牧（沼津市か）に居住して牧左衛門と称し、源頼朝の時代に天田郷に移住して福井姓に改めたという。江戸初期、福井五左衛門は小笠郡塩原新田（浜岡町）を開発、幕末期、三島宿に漢学者福井時雍（雪水）がある。

福島（ふくしま、くしま）

福島姓は静岡市から富士市までの地域に多く分布し、全国では100位内だが県ランクは207位。駿河の福島氏は久島、九島とも書かれ、美濃国発祥の清和源氏流とも村上源氏流ともいわれ、直系の子孫は戦国期、小田原北條氏一族となって北條を称した。源頼光の後裔の山県三郎国直は美濃国に住み、その末裔国親は奥州信夫郡福島に居住して福島三郎と称す。子孫の福島佐渡守基正は今川氏の家老となり、文安3年（1446）高天神城（大東町）城主。上総介正成は今川氏に仕えて土方城（大東町）の城主となり、大永元年（1521）、駿遠の士1万500余を率いて甲斐国を攻め、武田信虎と飯田河原に戦い、後に花倉の乱の時、良真方について敗れ甲斐で没すという。その子上総介綱成は父の死後、相模北條氏に属し、北條氏綱の婿となり、北條左衛門大夫と称した。子孫は代々北條氏に仕え相模甘縄城主となった。綱成の孫氏勝の時、北條氏が滅亡、その子氏重は徳川家康に仕え元和5年（1619）、遠江久野1万石、正保元年（1644）、駿河田中2万5000石、慶安元年、掛川3万石を領すが万治元年（1658）、改易となった。この一族には永禄初期、今川家臣に丸子城主福島安房守、右馬助、左馬助、土佐守正資などがあり、天正2年、高天神城（大東町）籠城の小笠原衆に福島十郎左衛門国時らがある。また庵原郡町屋原（由比町）に住み、今川氏没落後に武田氏に属した福島淡路守や、今川義元に仕え、後に子の為忠が徳川家康に仕えた福島織部為基もあり、寛永年問、金谷支配の福島市左衛門もある。

この他、今川家臣の福島氏には桓武平氏流があり、永禄期、福島三郎右衛門尉平盛国、福島豊後守平春久などがある。清和源氏望月氏流の福島氏は望月真隆4代孫の遠州重行の孫範重が福島を号したとあるからこの流裔もあるか。

福田（ふくだ）

福田姓は全域に分布し全国では50位内に入るが、県ランクは185位。遠江、信濃、相模をはじめ全国に福田郷や福田村は多い。享保3年（1718）見付宿（磐田市）に漢、国学者福田源蔵真直（鶴州）、寛政期、小笠郡三浜村（大東町）に福田三郎大夫があり、見付の福田半香は渡辺崋山の高弟で画家として著名、福田清助は大井川流域（吉田町）に清助堤を築いた。

藤井（ふじい）

藤井姓は伊豆に多く賀茂村、西伊豆町は町村ランク2〜3位、下田市は市ランク7位。全国では52位、県ランクは107位。平安末期、伊豆国掾、遠江国大掾に藤井氏が見え、また守藤氏流の鎌田兵衛尉政家の子、俊長は伊豆伊東に来住して藤井を称し、その子を行俊という。天正3年（1575）、北條重臣の下田領主清水氏に仕えた藤井主馬介利国は、妹と共に兄彦右衛門利勝の仇の下沢大五郎忠宗を伊勢国で討ったという。後世、賀茂郡白浜神社（下田市）禰宜の藤井昌継の子昌幸は同社の復興を企て寺社奉行に訴願したが成就しなかった。永禄初期、今川義元家臣に藤井條右衛門があり、徳川家康の側妾阿茶局の夫は藤井善助という。

藤田（ふじた）

藤田姓は全域に分布するが特に浜松市は市ランク10内外。大東、雄踏、中川根の各町は町ランク4～5位、県ランク35位。明暦元年（1655）頃、沼津代官野村彦太夫家臣に藤田長右衛門があり、江戸中期、駿河久能山の勤番士、吉永村（大井川町）の神官家に藤田氏がある。また享和3年（1803）頃、川袋村（竜洋町）の藤田仙之助草牛、宇布見村（雄踏町）の藤田長十郎盟鷗、舞坂宿の藤田権十郎去草は俳階人として名がある。田中藩（藤枝市）士の藤田加衛門の子嗣章は軍医総監となり、その子嗣治は洋画家として著名。

藤原（ふじわら、ふじはら）

藤原姓は1300余年の歴史をもつ姓氏で系流もきわめて多いが、子孫が改姓していて原姓の藤原姓は今少ない、といっても県ランク133位、全国では100位内。藤原姓は初祖中臣鎌足が大和国藤原の里で誕生したのにちなんだ姓で、藤原一族の繁栄に伴って各地に繁延し、官職名、国名、地名と結びついて数多くの姓氏を生んだが、江戸末期まで公称の際は原姓藤原を冠称している。藤姓といわれる藤の付く姓だけでも、全国1位という鈴木姓をはるかに超え、日本第1の大姓となる。藤原朝臣黒麻呂は延暦3年（784）に遠江守、同9年に駿河守となるが、県下の藤原姓の源流は北家と南家があり、繁延した藤原南家の祖は藤原為憲という。為憲は父維幾に従って天慶の乱（935―40）の時、平貞盛、藤原秀郷と共に平将門討伐に大功をたて、遠江、伊豆等の群賊征伐に征夷大将軍藤原忠文に従い来国する。その勲功により遠江守となり、孫の時信は駿河守となって駿遠豆三国内に荘園をもった。

時信の子、入江右馬允維清は駿河船越（清水市）に屋形を構え、その勢力は強大となった。保元の乱（１１５６）に源義朝に属した入江右馬允景兼や興津四郎、源頼朝より駿河入江庄吉川（清水市）を賜った吉香経義らはその後裔であり、県下で栄えた狩野、工藤、相良、二階堂、原、船越、岡部、天野、渋川の各氏もその流裔である。

伊豆国には天平13年（７４１）藤原良継、平安時代には藤原相通、実政、国長、近信、隆長など多くの藤原氏が配流されている。藤原道綱6代の後裔為頼が伊豆守となり、その子信廣の母は伊豆国住人の女ともある。また、徳治年間、稲取村（東伊豆町）代官に藤原勝世がある。

遠江掛川には平安末期、伏見冠者藤原廣綱が住んだと伝えられ、南北朝期、井伊谷（引佐町）の奥山城主に藤原朝康がある。井伊谷の藤原氏は北家流で正暦年間（９９０—９５）、九條家臣の藤原共資が遠江守に任ぜられて来住し、その養子共保の子の代からは井伊を名乗った。周智郡小股京丸村（春野町）の藤原氏は、昔都の戦乱をさけて（一説では後醍醐天皇に随従して）京丸村や川根地域に来住した藤原左衛門佐の後裔と伝え、慶長年間京都にちなんで京丸と名付けたといい、子孫は代々、藤原左衛佐を称す。川根上長尾（中川根町）の藤原氏の伝承では、応仁の乱（１４６７—７７）を避けた京都の公卿藤原氏が、世捨人となって来住したといい、藤原姓にちなんだ藤本、藤江、藤田、藤森、藤守など藤の付く姓が多いという。

駿府には先祖が三河国仁木村の出身で、慶長の頃、徳川家康に随従して駿府に来住し菓子屋を営んだという藤原氏があるという。駿府鍛冶として著名な初代藤原兼法は永禄年間（1558－70）の人で、美濃鍛冶の流れを汲み、子孫は助左衛門を称し藤原兼法の刻名を継いだ。

藤原氏は武家だけでなく高僧を輩出し、正暦（990－95）の頃、第2代天台座主（延暦寺）となった暹賀は駿河藤原氏、建長（1249－56）の頃の名僧士雲は遠江藤原氏、応安（1368－75）の頃の大応国師紹明は安倍郡の藤原氏の出である。

古橋（ふるはし）

古橋姓は浜松市と雄踏町特有の姓で、全国では1000位内に入らないが県ランクは227位。宇多源氏佐々木氏流の古橋氏は近江国の真野源二定時の子定範が古橋太郎と称したに始まり、清和源氏流古橋氏は石川左兵衛尉義時の後裔元房の子元憲を祖とする。天文年間（1532－55）徳川家康が今川氏の人質時代、駿府で勤仕した家臣に古橋惣内がある。永禄の頃、今川家臣の古橋七郎右衛門重次は尾張国愛知郡広井村の出身で藤原氏流という。幕末期、遠州報国隊員に古橋七兵衛がある。

古屋・古谷（ふるや）

古屋姓は静岡、山梨両県が全国で最多県だが、県内では東部に多く分布し沼津市は全数の約30％を占め、県ランクは234位。古谷姓は古屋と同姓で、『新編常陸国志』に古谷あるいは古屋とあり、相模古谷氏は甲斐古屋氏の一族でもと古屋とも書いたというが、古谷姓は今少ない。甲斐国の古屋氏には武田氏族の倉科治部少輔信廣や下條伊豆守信氏の後裔と、一宮浅間神社祠官の伴氏流があり、伊豆には北條家臣で永禄初期、伊東を知行した相模古屋氏がある。甲悲古屋氏はもと降矢《ふるや》、降屋とも書き、永禄7年（1564）武田信玄の長男義信が父に反逆を企てた時、勘定奉行の古屋惣二郎ら20数名は罰せられ、それら族類は国外追放となった。また武田氏全盛の頃、黒川金山奉行の古屋次郎右衛門尉一族は金山衆として名がある。豊田郡小沢郷（佐久間町）の古屋七郎衛門尉は天正8年（1580）武田氏に属し、駿東郡口野村田連（沼津市）の古屋右近義武は天文3年（1534）、宝泉寺を開基し子孫は代々名主をつとめ明和年間の子孫を彦左衛門英興という。

駿東郡大平郷（沼津市）の古谷氏は建仁年間（1201－04）、この地を開発した草分け3人の1人と伝え、嘉吉3年（1443）頃、古谷新右衛門、新三郎がある。

《へ》

紅林（べにばやし、くればやし）

県内の紅林姓は「べにばやし」よりも「くればやし」の読みが多い。紅林姓は県ランク247位。今川義元家臣の紅林次郎左衛門吉永は橘氏流といい、後に徳川家康に仕え、その子助六郎吉次は徳川家臣大須賀康高に属し、柿川、三方原、長篠役に戦功をあらわすが、天正3年（1575）田中城攻めで戦死する。その子助六郎吉直は徳川家康、駿河大納言徳川忠長に仕えた。城東郡横地庄棚草郷（菊川町）に紅林右京進、次郎左衛門長久がある。天正初期、榛原郡田代村（本川根町）の紅林次郎左衛門は武田軍に焼かれた村の荒地を開拓し、園村（相良町）の紅林次郎右衛門は天正期、灌漑を開発したが隣村との争いにより捕えられ獄死したという。相模北條家臣に紅林八兵衛や助右衛門があり、八兵衛は元亀2年（1571）、深沢城（御殿場市）を守り、敵陣に忍び入って武田軍の松長左大夫を討ち取った。

《ほ》

星野（ほしの）

星野姓は全域に分布し県ランク283位。熱田神宮大宮司族の星野氏は藤原南家の藤原季範の子範信が星野式部丞と称し、その後裔、星野外記は今川義元に仕え駿河泉郷（清水町か）を与えられ、また徳川方の三枚橋城（沼津市）や高天神城（大東町）を守った星野氏があるが、大宮司族の尾張か三河の星野氏か。永禄期、駿府に星野七左衛門尉久次がある。相模北條家臣には永禄12年（1569）、蒲原城で武田軍と戦って討死した星野氏がある。

堀（ほり）

堀姓は静清地域に密集し清水市は全数の70%を占める。県ランクは203位。伊豆の堀氏は藤原氏流で、田方郡大野村（修善寺町）に住み、源頼朝に挙兵の時より仕えて幕府創設に貢献し後に幕府家人となった。『平家物語』や『東鑑』に堀弥太郎親経、藤次親家、弥太郎親弘、平四郎助政などがみえ、源義経の郎党弥太郎景光もある。南北朝期、堀兵之助がみえ、江戸後期に榛原郡初倉庄（島田市）の飯津沢神社を再建した堀九郎左衛門がある。

堀池（ほりいけ）

堀池姓は清水市が全数の約80%を占め、県ランク262位、全国では3000位内に入らない。信濃小笠原氏流堀池氏は跡部氏の出といい、美濃国には天正年間（1573―92）に堀池備中守、近江国には佐々木定綱家臣の堀池八郎定員がある。幕末期、伊豆伊吹隊員に堀池万四郎がある。

堀内（ほりうち）

堀内姓は西部に多く分布し県ランク156位。遠江の堀内氏は浜名郡堀内村（三ヶ日町）から起こり、寛正6年（1465）、堀内孫右衛門尉があり、『宗長日記』に持明院の末裔の堀内下野守がみえ、堀内城（菊川町）城主堀内氏は今川氏に属す。永禄初期、今川義元家臣に堀内新八郎があり、佐野郡家代村（掛川市）の名主堀内氏の先祖は南朝方の紀伊国堀内城主堀内家勝の後裔と伝え、長野村（磐田市）の名主堀内氏は菅原氏流という。また、『三河物語』は遠江衆に堀内氏を載せている。

《ま》

真野（まの）

真野姓は沼津市と賀茂郡西伊豆町で全数の90％を占め、西伊豆町は町ランク5位に入る。県ランク225位。桓武平氏流真野氏は三浦氏族佐原十郎左衛門義連の子五郎左衛門胤連、孫の二郎左衛門尉時連が真野を称したに始まる。藤原氏流真野氏は藤原秀郷の後胤、左衛門尉行景の子、駿河太郎親道から5代孫の民部丞正永が近江国真野村を領して真野を姓とした。宇多源氏佐々木氏流真野氏は、近江国真野村より発祥した佐々木宮神職の万石行定の子、行範を祖とし、その子定時が真野源二と称した。行範の後裔真野新左衛門信冬は田方郡間宮村（函南町）に住んで間宮に改姓したという。宝暦年間、島田（島田市）に居住した島田代官、真野惣十郎勝照は幕臣真野氏である。尾張の真野氏は織田信長に仕えて子孫は幕臣となり、甲斐の真野氏は南朝に味方した尾張真野氏という。

前島（まえじま）

前島姓は県ランク145位だが、岡部町では町ランク1位。全国では50位台という。駿河前島氏は清和源氏流今川範国の曽孫の氏国を祖とし、志太郡前島村（藤枝市）から起こり、今川氏の後継争いの時、花倉（良真）方に通じたとして甲斐国に逃れたという。永禄初期、今川義元家臣の前島蔵人、武田氏に属した前島市右衛門尉があるが一族か。藤原氏流の前島勘右衛門政恒は駿河御領地代官、その子政伴、政明父子は甲斐駿河の代官となるが、子孫は寛政元年（1789）断絶した。富士郡天間（富士市）の前島氏は、治承年間、駿河目代であった橘遠茂の後裔で、その子橘次為茂が鎌倉将軍により富士郡田所職となり、この子孫が前島を称したという。江戸初期、源氏の末裔という前島忠兵衛は、城東郡に来任して高橋村（小笠町）を開発し、その地を忠兵衛新田と名付けたという。

前田（まえだ）

前田姓は県内全域に分布し東伊豆町は町ランク7位、県ランク66位。甲斐、三河、相模など前田姓の発祥地は多いが、加賀前田家は尾張国海東郡荒子城主前田氏の後裔で菅原氏流。

永正18年興津郷に前田左近四郎がある。駿府の前田氏は元禄年間、前田甚左衛門の弟が播州赤穂の浅野家臣堀部氏の養子となり、堀部弥兵衛金丸を名乗った。この養子が堀部安兵衛武庸で、父子共に赤穂義士として著名である。

牧田（まきた）

牧田姓は中部が90％を占め、清水市が最多で県ランク198位。秀郷流藤原氏流は河村氏流荒川小太郎景秀の子秀網が牧田二郎と称したに始まる。掛川藩主太田家臣に牧田氏、浜松宿に天保期、医師の牧田寿音、玄幸父子があり、庵原郡尾羽村（清水市）の名主牧田氏は平岡弾正包盛の後裔で、12代裔の牧田包好は寛政期の人。

牧野（まきの）

牧野姓は静岡市が全数の40％を占め、ランクでは竜洋町が町ランク5位に入る。全国では200位近いというが県ランク93位。三河牧野氏は田口氏流阿波民部重能の後裔の田口三左衛門尉成富が、細川氏に従って三河国に移り、宝飯郡牧野村に住み牧野を称した。その子牧野左衛門尉成時（古白）は今川氏親に属し、牧野民部丞成定は初め今川氏真に属したが、永禄8年（1565）から徳川家康に仕え、その子、右馬允康成は天正10年（1582）、興国寺城（沼津市）を守り、子孫は各地の大名として栄えた。永禄初期、牧野弥兵衛、牧野三八らは今川氏に属したが、牧野源助は永禄12年、徳川家康に従い長溝（浅羽町）、川原畠の旧領を安堵され、牧野金七郎は武田氏に属し天正2年（1574）、浜松庄一見郷を充行した。信濃国の牧野喜藤兵衛清乗は、永禄の頃、安倍郡吉津村（静岡市）に住み今川氏に仕え、今川氏没落後、郷里信濃に帰ったが、駿府の産女新田に閑居していた時妻が難産で死亡、村人は牧野氏の守本尊子安観音を信仰したという。井伊直盛家臣の牧野市右衛門は桶狭間の戦（1560）で主君と共に討死、元亀2年（1571）高天神城（大東町）の小笠原衆に牧野勘右衛がある。

増井（ますい）

増井姓は全国で5000位近いというが県ランクは248位。静清地区に多く分布する。三河伴姓の増井氏の祖は多喜大和守康氏の孫、資安という。文和3年（1354）、今川範氏麾下で初倉庄（島田市）を領した長瀬掃部助家臣に増井民部入道がある。寛文年間、駿河久能山勤番同心や岡部の牛頭天王社、久努村（袋井市）の富士浅間宮の祠官に増井氏がある。田中藩士増井澄八は藤枝の人で、その子澄六は長沼流陣太鼓師範という。

増田（ますだ）

増田姓は全国では94位だが、県ランクは16位。中部内ではランク5位に入る。増田氏は清和源氏流で信濃国の望月氏流と小笠原氏流がある。望月氏流は望月信濃守重真の孫、重俊が増田を称したに始まり、小笠原氏流は小笠原長清8代の孫、掃部助宗満とも、また小笠原長経5代孫の三郎長経が初祖ともいう。

戦国期、今川家臣に増田一族は多く、永禄初期、掃部助、主膳正、兵庫助、六郎兵衛尉、六之助、安左衛門などの名があり、宇津山城主小原肥前守の老臣に増田団右衛門があり、小山村（吉田町）住人、増田周防守は戦国期、遠江36人衆に数えられた。中新田村（焼津市）の増田氏の祖は北條旧臣で、2代目の三太夫親景が寛永4年（1627）頃、榛原郡上泉村（大井川町）から移住し洪水荒廃地を開拓し、子孫は田中藩御用達をつとめた。榛原郡御前崎村（御前崎町）に寛文年間、藤原姓という増田清兵衛信吉がある。岡部宿の増田氏は天正年間、里長となり脇本陣をつとめたが、本陣家仁藤氏の養子となり子孫は本陣を継いだ。幕末の掛川藩士増田条蔵康哉は橘甲斎と号し、伊豆の戸田でロシア人と知り合い、後にロシアに渡った。田中藩本多氏領細島村（島田市）の惣名主、増田五郎右衛門は文化13年の飢饉の時、直訴して百姓一揆の罪を一人で負い刑死した。郷土の義人として伝えられる。三島宿の増田平四郎は原宿に住み、幕末時浮島沼の干拓に尽くした。

松井（まつい）

松井姓は県ランク77位。西部に多く、榛原郡御前崎町はランク1位。松井氏は大納言藤原長宗より出、清和源氏の源信濃守宗綱が継ぐ。建武5年（1338）源為義の子、松井冠者維義の後裔で山城国住人、松井兵庫頭宗次は足利尊氏に属し葉梨郷（藤枝市）地頭となり、池田郷（静岡市）を与えられ、子の八郎助宗は香貫郷（沼津市）を与えられ、宗次5代孫、兵庫介保仲は今川範氏に仕えた。城飼郡平川村（小笠町）の松井山城守宗能は今川氏親に仕え堤城主、その子八郎貞宗は二俣城主。その子、松井左衛門亮信薫（山城守義行とも）は今川氏親に仕え、永正11年（1514）、二俣城（天竜市）に移り、その弟五郎八郎宗信は今川義元に属し桶狭間の戦で討死したが、子の兵庫守助近や孫の惣左衛門宗保の子、宗直は今川氏没落後、徳川家康に仕えた。家康の家臣松井周防守康親、康重父子は天正年間三枚橋城（沼津市）を守り、子孫は松平姓を賜る。また、遠江松井氏の祖は源義家が山城国から連れてきて、横地氏と二俣氏が養育したとも伝えられる。安倍郡長田村（静岡市）の高林寺を開基した松井八十郎は、甲斐の一條信竜の3代孫松井総右衛門正近の子という。これら所伝に多少の相違はあるが、共通点が多く、本来同族と思われる。

松浦（まつうら、まつら）

松浦姓は西部が圧倒的に多く掛川市はランク2位、県ランク46位。九州肥前国松浦庄や和泉国松浦村から発祥し、肥前松浦氏は嵯峨源氏渡辺綱の後裔と安倍宗任の末孫があり、後世名高い水軍松浦党となって各地に繁延した。和泉松浦氏は安倍氏の流裔で戦国期、摂津、伊勢国を領して豊臣氏に仕えた。
駿河の松浦氏は嵯峨源氏渡辺氏流で、渡辺源次綱の子、源太夫久が松浦を称し、その孫、源次郎勝が九州探題職に赴任した今川了俊に仕え、了俊が帰国の時、従って遠江国に来住し、その子、源太夫通は駿河国に住み駿河松浦氏の祖となった。通の孫、源左衛門房時、その子新左衛門通直父子は今川義忠に仕え、文明8年（1476）、遠江塩買坂で主君に殉じ、通直の子源太夫親直、その子新介治直父子は今川氏親に仕え、治直は遠江引間城（浜松市）攻めで戦死し、治直の子左近大夫康直は今川義元に仕え桶狭間の戦（1560）で討死した。この子孫は、江戸時代郷土となり、志太部鵜網村（島田市）の開発につとめ代々、新を通名とし名主をつとめたという。また建武3年（1336）、九州松浦一族の峯五郎通は南朝に味方し駿河高橋で討死したという。明応6年（1497）、佐野郡倉真（掛川市）城主に松浦兵庫介があり、永禄初期、今川家臣に松浦五左衛門、左近太輔などがあるが一族である。江戸中期、初倉庄（島田市）に松浦孫十安久や清兵衛、五明村（掛川市）の庄屋に松浦氏があり、領家村（掛川市）の名主松浦氏の先祖は松浦大郎大夫道福という。

松下（まつした）

松下姓は圧倒的に西部に多く県ランク38位。宇多源氏佐々木氏流の松下氏は、佐々木近江守信綱の五男氏信の孫佐渡守宗氏の孫秀頓が南北朝期、山名郡松下村（浅羽町）に居住して鏡松下左衛門尉と号し、その孫、左京亮秀俊が遠江松下氏の元祖という。『寛政譜』によれば宇多源氏佐々木氏流の松下氏は、信綱の四男泰綱の後胤、出雲守高長がはじめ笠原庄平川郷（小笠町）に住み、後に三河国碧海郡松下に移住して松下を称したに始まるという。高長7代の孫、源太左衛門長則は今川義元に仕え、後に北條氏康、さらに武田信玄に属した。その子、石見守（加兵衛）之綱は豊臣秀吉が日吉丸といっていた頃に仕えたという話が残っている松下嘉兵衛で、之綱は今川義元、氏真に仕え、頭陀寺（浜松市）城に住んだが、後に豊臣秀吉に仕えて天正18年から慶長8年までの13年間遠江久野城主（1万6000石）となった。之綱の子石見守重綱は鳥山から陸奥二本松藩主となった。

その弟、貞綱は徳川家康に仕え、後に入道して常慶と号し浜松白山権現の別当となったという。常慶の住んでいた駿府の宅地付近は後に常慶町と名づけられた。また重綱の兄勘左衛門暁綱は晩年頭陀寺に住み、後嗣は遥綱といい永住する。天正2年（1574）、高天神城（大東町）小笠原長忠に属した籠城の士に松下助左衛門範久、平八があり、井伊直政の母の再嫁先の松下源太郎清景は高長の孫国長の5代孫という。松下氏の子孫は旗本として家系が続き、幕末期、牧之郷（修善寺町）に知行を持ち、農兵の勤王隊を組織した幕臣松下嘉兵衛がある。田方郡三津村（沼津市）の松下氏は、伊豆衆21家に入る駿河湾内の北條水軍で、延徳3年（1491）、北條早雲が伊豆韮山の堀越御所を占拠した時、その麾下に加わった。以後、水軍の船大将となったが、天正18年、豊臣秀吉の小田原攻めの時、松下左衛門尉、三郎左衛門尉は、徳川方の本多平八郎忠勝に属して韮山城主北條美濃守氏規を説いて降伏するよう奨めたという。子孫はこの地に永住したが、徳川家康の二男越前藩主結城秀康に仕えた者もあるという

松島（まつしま）

松島姓は全数の80％近くが西部に分布し、県ランクは169位だが磐田郡豊岡村は村ランク4位。信濃国伊那郡より起こる松島氏は諏訪神族、甲斐の松島氏は巨摩郡松島村から起こり清和源氏小笠原氏流という。松島五兵衛は高天神城（大東町）小笠原長忠に属し、天正2年（1574）籠城して武田軍と戦う。鈴木五右衛門は長上郡松島村（浜松市）の新田を開発、子孫は代々名主となり9代目五右衛門の時村名の「松島」に改姓したという。江戸後期、田中藩医に松島玄徳、玄洞がある。

松田（まつだ）

松田姓は静清地域に密集するが、西伊豆町にも多く、県ランク131位。藤原氏族井伊氏流の松田氏は遠江の井伊左衛門尉弥直の孫、松田六郎直村が祖。伊豆松田氏は北條家臣の松田一族で、この流れは相模国上足柄郡松田庄より起こり藤原氏流波多野族で、松田左京進頼成（頼重）、頼秀父子は関東公方に仕えるが、相模に進出した北條早雲に従い、頼秀の孫、

松田尾張守憲秀は北條氏綱、氏康、氏政、3代の家老となり、天正年間、伊豆狩野の極楽寺を再興した。憲秀の弟康定の子、兵大夫康長、肥後守康江兄弟は北條氏康に仕え、兄康長は箱根山中城主（三島市）で天正18年、豊臣軍と戦い戦死したが、弟康江は後に豊臣秀勝に仕えその子定勝は後に徳川家康に仕えた。康長の子の市兵衛直長は初め北條氏直に仕え永禄年間、牧之郷（修善寺町）、肥田、仁田（函南町）を知行したが、北條氏滅亡後は徳川家康に仕え、子孫は旗本となった。

松永・松長（まつなが）

松永姓は中部に多く分布し、県ランク58位。松永（長）氏の発祥は、若狭国松永村、伊勢国桑名郡松永村などあるが、佐野郡の松永氏の祖は足利尊氏より海道7ヵ国惣別当に任じられた陰陽師観長といい、永禄6年（1563）、子孫の松永大夫も今川氏から海道7ヵ国陰陽博士惣別当の免許を受け、その後裔に陰陽博士小大夫がある。永禄11年、今川氏に属した高橋城（清水市）城主石川道信の家臣に松永與左衛門友貞、與治郎父子があり、益津郡大村（藤枝市）の天正期の芝切7人の中に武田遺臣と伝えられる松永氏があり、富士郡平垣村（富士市）の松永氏はその一族か。幕末期、薩埵峠口の望嶽亭主人の松永七郎平は山岡鉄舟が西郷隆盛と会見する時協力した事で知られる。

松村（まつむら）

松村姓は中部に広く分布し県ランク197位。信濃松村氏は清和源氏と滋野氏族がある。永禄初期、今川義元家臣に松村新九郎があり、寛永年間、志太郡高洲村（藤枝市）の松村右近衛門は大井川河岸の洪水被害地に新田を開拓し、松村因幡守藤原重義は貞享4年（1687）志太郡大長村（島田市）に本尊仏を寄進した。また、駿河久能山の禰宜松村帯刀、江戸後期、焼津城腰の詩人松村晴橋（煙艇）などがある。

松本（まつもと）

松本姓は全域に分布し、特に西部には市町ランク7～8位に入る市町が多い。県ランク23位、全国では17位に入るという大姓である。桓武平氏流は信濃国や伊勢国発祥、清和源氏流は信濃国や甲斐国発祥など諸流がある。永禄期、今川義元家臣の松本文之助があり、慶長10年（1605）松本孫右衛門は榛原郡坂部村（榛原町）の慈眼寺を開基。寛永年間、志太郡広幡村（藤枝市）の松本八左衛門は上当間川から灌漑用水を引き、周智郡森の松本次郎吉が弘化年間、太田河原に流れついた柿の幼木を植えたのが「次郎柿」の起源という。化政期、田中藩本多氏の家老に松本儀太夫利茂がある。

丸山（まるやま）

丸山姓は静清地域に多く県ランク182位。藤原氏族の丸山氏は信濃国丸山郷発祥とも遠江発祥ともいう。遠江の勝間田氏や井伊氏の歴史と符合しないが『新編武蔵風土記』を引用すると、左大臣藤原魚名の子光氏は榛原郡に居住して勝間田重郎光氏と名乗り、その長男左京亮光伴は勝間田を称し、光伴から31代勝間田弾正忠光時は東遠に住み永享の乱では箱根で戦い、光時3代孫、左京亮宗秋の時、姓を丸山に改めたという。宗秋の長男丸山備後守光兼は武田氏に属して信濃曳野城主、二男の丸山筑前守光言は掛川、横須賀城に居城し小笠原長時に属して天文18年（1549）信濃国で討死した。光言の子弥兵衛光則は武田氏に属し訳あって丸茂と改姓し、その子勘三光直、伝三郎光定兄弟は徳川家康に仕え、子孫は甲斐国に永住し、丸山に復姓したものもあるという。天正2年（1574）高天神城（大東町）城兵に丸山左太右衛門、元禄16年（1703）、佐野郡萩間村（掛川市）に丸山五郎左衛門がある。

《み》

三浦（みうら）

三浦姓は県内全域に分布し県ランク105位。駿河と伊豆の三浦氏はその系統に数流ある。三浦氏の源流は桓武平氏流で、平忠通の子、長門守為通が源頼義に属して軍功をあげ、相模国三浦郷を領して三浦を称したに始まる。為通以来、代々三浦衣笠城に住み、4代孫、三浦大介義明は源頼朝に仕え子孫は繁延したが、鎌倉幕府執権の北條氏の為に全滅し、再興した後で再び北條早雲に滅ぼされ、一族は各地に離散した。駿河の三浦氏は弘安8年（1285）三浦吉勝が新井村（大須賀町）の広泉寺を開基、観応2年（1351）三浦太郎左衛門尉宗久が足利尊氏に属して新池郷（袋井市）の替地として北安東庄（静岡市）を与えられている。三浦義明の3代孫駿河守義村の子朝村の7代孫、三浦次郎左衛門尉範高が庵原郡横山（清水市）に住んで今川義忠に仕え、その子、上総介範時の長男雅楽助正勝は初め今川義元に仕えたが、今川氏没落後、徳川家康に仕え有度郡広野村（静岡市）を領し、晩年職を辞して長田村（静岡市）に住んだ。正勝の子半左衛門正次は家康に仕えたが、朝比奈彦太郎の子直信が正勝の娘をめとって三浦氏を継ぎ、広野村の宅地を譲り受けて子孫この地に住むという。正勝の弟、次郎左衛門氏俊は今川氏真に仕えたが、今川氏没落の後、武田信玄に属し、後に北條氏に仕えた。北條氏滅亡後は処士となり、その後、徳川家康に仕えた。今川老臣の三浦右衛門佐義鎮は三浦氏俊の養子となり、今川氏没落後は実父、小原肥前守鎮実と共に花沢城（焼津市）に拠った。元亀元年（1570）、武田信玄に攻められて落城し、父と馬伏塚（浅羽町）に逃れたが、小笠原氏に討たれたという。また、義村の子幸村の後裔、小次郎元辰、八郎左衛門義次父子は今川義元に仕えたが、その子元秋は徳川家康に仕えた。三浦兵部義顕は今川氏没落後武田氏に属し、向井正重らと共に用宗城（静岡市）を守り天正7年徳川軍と戦い討死する。一族の三浦右近進、右馬助義教、雅楽助らも武田氏に属して駿河先方衆と呼ばれ、右近進と雅楽助は天正9年（1581）、武田方の高天神城（大東町）で討死した。この他、今川家臣に三浦一族は多く見え、永禄初期、庵原郡横山領主三浦上野之助、瀬名（静岡市）領主三浦右衛門大夫の名や、桶狭間の戦で討死した三浦左馬介義就、兵部などがある。志太郡伊太村（島田市）の三浦氏は、建武年間、南朝方の為季という人が都より落ちてきて、伊太に幽栖《ゆうせい》したのに始まるというが、一説では三浦氏が足利尊氏より島田井口村（島田市）を賜り、天正の頃、子孫の三浦四郎為明は武田信玄に抗して徳川家康に通じたため討たれたという。伊太、井口村名主の三浦氏はこの子孫で、文禄年間、四郎兵衛、寛永年間、大平次と続き、有度郡用宗村（静岡市）の三浦氏は兵部義顕（鏡）の裔かという。伊豆の三浦氏は北條水軍に属し、天正18年の小田原役の時、三浦五郎左衛門茂信は阿蘭城（賀茂村安良里）を守備し、豊臣水軍と戦った。

三輪・三和（みわ）

三輪姓は県ランク239位、浜松市、吉田町に多い。三和姓は数は少ない。三輪姓は太古からの大族で大和国三輪村から起こる。建武4年（1337）二宮庄於保郷（磐田市）を領した三和次良右衛門尉光継は長尾次郎国資の後裔で、今川範国に仕え、子孫の九郎左衛門は天文22年（1553）今川義元からその地を安堵され、三和藤兵衛は家康より豊田郡大屋、友長（袋井、磐田市）など16郷を与えられる。三輪与兵衛尉は武田氏に属し、永禄末期、深沢城を守り、駿東郡深沢（御殿場市）、石田（沼津市）、古沢（御殿場市）、河合（佐久間町）などを領した。今川義元家臣に三輪銀之助や三輪紀伊守元勝があり、元勝は清和源氏の末孫で、後に徳川家康に仕え、その子弥左衛門元継は家康の五男武田万千代（信吉）に属し、元継の子、元明は徳川秀忠に仕えた。志太郡三輪村（岡部町）の神神《みわ》社神主家の三輪氏は53代続くという。

水口（みずくち、みなくち、みなぐち）

水口姓は北伊豆地域に多く、修善寺、伊豆長岡町は町ランク5〜6位。県ランクは224位。建仁の頃、井出郷（沼津市）の阿野全成の家臣水の口玄蕃は同志2人と主君全成の首を下野国から持ち帰り、葬ったと伝える。室町期、伊豆国土肥（土肥町）の神明（稲宮）社神主の水口氏の祖は往昔卜部氏と共に亀卜をもって朝廷に仕えたといい、室町後期の水口若狭守連正入道秀次は勧農に尽くし、慶長以来、子孫は代々、水口九（久）大夫を名乗ったという。

水野（みずの）

水野姓は全域に分布し、西に行く程多く、浜岡町は町ランク6位。県ランクは73位。尾張国春日井郡水野村より起こった水野氏は清和源氏浦野氏族で、源満政6世の孫浦野四郎重遠の子、二郎三郎重房が尾張国春日井郡水野村に移住して水野を名乗った。北條家臣の水野治郎右衛門忠佐は駿東郡長久保城（長泉町）城主で、永禄元年（1558）討死したが、下石田村（沼津市）の耕雲寺を開基している。遠江では弘和元年（1381）の頃、水野主水守が新庄村（相良町）、水野淡路守が上朝比奈村（浜岡町）を領したと伝える。永禄初期、今川家臣に水野市郎左衛門や水野惣兵衛がある。初倉村（島田市）に墓のある水野左近正重（清久）は三河国に生まれ吉田村（吉田町）に住み、桶狭間の戦、三方原合戦などで武功を立てたが、元和5年（1619）、長男義重に家督を譲って、京都に隠居したという。三河の水野忠政の子孫は大名、旗本となり、県下に縁が深いが大名だけを挙げると、水野重仲は慶長14年（1609）から10年間、浜松藩主（3万5000石）、水野監物忠善は寛永12年（1635）から7年間、田中藩主（4万5000石）、その子孫で「天保の改革」を行った水野越前守忠邦は文化14年（1817）、浜松藩主（6万石）、水野出羽守忠友は安永6年（1777）沼津藩主（5万石）となり、子孫は維新後上総菊間へ移った。

忠政
├信元……忠友……忠成（老中）
├忠守……忠善……忠邦（老中）
└忠分――重仲

豊田郡平松村（豊岡村）の水野惣兵衛は、文化年間（1804―18）、惣兵衛新田を開発、子孫は名主を世襲した。

宮崎（みやざき）

宮崎姓は県内全域に分布するが、雄踏町は町ランク2位に入る。県ランクは114位。信濃宮崎氏は紀大納言麻呂の後裔といわれ、宮崎小三郎泰満は、武田信虎、信玄に歴任し信濃国座光寺原宮崎に住んだ。駿河大宮（富士宮市）の浅間社人宮崎氏の天文（1532―55）頃の祖は宮崎春長といい、その子与十郎は田所職、元亀の頃は虎千代と伝えられる。元和年間（1615―24）の奥山（佐久間、水窪町）代官宮崎三左衛門は武田家臣奥山左衛門允有定の孫、安倍郡弥勒村（静岡市）の宮崎総吾は明治初期、有度、安倍両郡の郡長、後に貴族院議員となる。先祖は武田家臣の宮崎五郎左衛門英一といい、代々名主をつとめ、父は五郎左衛門英照という。

宮澤（みやざわ）

宮澤姓は三島、浜松両市に多く、龍山村は村ランク2位、県ランクは294位。甲斐国巨摩郡宮沢村より起こったのは清和源氏武田氏流で宮澤市石衛門尉信里の後裔。信濃宮澤氏は桓武平氏北條氏流、美濃宮澤氏は藤原氏流という。永禄初期、今川義元家臣に宮澤宮内少輔があり、豊田郡山東村（天竜市）の宮澤氏は名主を世襲する。

宮本（みやもと）

宮本姓は全国では60位内というが、県ランクは170位。浜松市が全数の40%を占める。遠江の宮本氏は大中臣清麿の子、唐橋家望の末孫、宮本祢宜右衛門望時の後裔といい、望時は後に訳あって藤原氏に改めたと伝えられる。幕末期の遠州報国隊に宮本八大夫があり、敷智郡呉松村（浜松市）の宮本氏は代々庄屋。明治元年、池新田村（小笠郡浜岡町）の宮本重吉は、この地にはじめて落花生を移植した。当時は「地もぐり豆」と呼んだという。

《む》

武藤（むとう）

武藤姓は県ランク288位、全域に分布する。武藤姓は武蔵の藤原氏とも、院の武者所をつとめた藤原氏ともいう。遠江相良一族の維雄は藤原為憲の後裔で武藤工藤と号したとある。駿東郡神山村（御殿場市）の武藤新左衛門尉は天文、永禄の頃、葛山氏元に仕えて政所《まんどころ》を司り、神山の代官名主を務めて問屋場を経営、後に北條氏に属し、子孫はこの地に永住して栄えた。遠江武藤氏は南北朝期から周智部一宮荘（森町）一帯を領し、武藤四郎兵衛尉は正平6年（1351）今川範国に属し、手越原で足利直義軍と戦った。戦国期、一宮城主武藤刑部少輔氏定は、初め今川氏に仕え、永禄末期、徳州家康に属すが武田氏に通じたので家康に滅ぼされ、後に亀甲村（掛川市）に帰住し、子孫は庄屋をつとめた。同じ頃、今川義元家臣に武藤靭負之助があり、天正2年、高天神城（大東町）籠城の小笠原衆に武藤源右衛門宗清がある。長上郡下飯田村（浜松市）の庄屋武藤五太夫は化政期に「下飯田用水」を完成した。

村上（むらかみ）

村上姓は伊東、清水市に多く県ランク111位。信濃国更級郡村上郷から起こり、村上水軍として名高い村上氏は村上天皇から出た村上源氏流を清和源氏流の源頼清が継いでいる。遠江の村上氏は源頼清の後裔で、寛正6年（1465）、村上兵部少輔があり、永禄初期、今川義元家臣に村上源蔵、藤三郎、弥右衛門などの名がある。遠江の神官村上氏は源頼信の後胤、村上彦四郎義光の後裔という。義光は南北朝期、大塔宮護良親王の身代わりとなって吉野で忠死し、その子、治氏は歩行不自由のため由比郷（遠江とあるが由比町か）に来て神官となり、その子福氏が一色郷（遠江とあるが焼津市か）に居住し、これより子孫はこの地に永住し代々、福を通名としたと伝えられる。

慶長の頃、村上三左衛門は島田田中（島田市）に住み、子孫の三右衛門は元和年間、遠江金谷を支配した。駿東郡深沢村（御殿場市）の村上氏の先祖は、この地を開発した新庄越前守の家老村上太郎左衛門といい延宝年間、新庄氏と共に来住した。三島宿の村上氏の先祖は伊勢の武士で関ヶ原の戦で西軍に加わり、敗戦後三島に来住したという。

村越（むらこし）

村越姓は中部に広く分布し、最も多い岡部町は町ランク2位、県ランクは263位。三河村越氏は徳川家康に仕え、天文年間、碧海郡三木城主の藤原氏流村越茂助直吉があり、また清和源氏石川左兵衛尉親康の後裔という村越兵庫頭顕光もある。『翁草』では鎌倉期、駿河国に村越宮内重基があるというが、さだかではない。天正2年（1574）高天神城（大東町）小笠原長忠に属した籠城の士に村越半右衛門があり、幕末期、浜松宿に俳人村越可道（朴室）、遠州報国隊に村越市正がある。

村田（むらた）

村田姓は全県に分布するが約50％は中部に集まっている。県ランク119位。天武天皇6年（678）、村田名倉は伊豆島に配流という。賀茂郡妻良（南伊豆町）の土豪の村田市之助は延徳3年（1491）、北條早雲が伊豆を侵略した時、その麾下となり、北條家臣伊豆衆21家に数えられ、北條氏の治世中、妻良、福良（子浦）を知行した。小田原の役（1590）には村田新左衛門、八良左衛門は下田城主清水氏に属して豊臣水軍と戦った。天文期、今川家臣に村田藤左衛門があり、天正期、高天神城（大東町）小笠原長忠に属した籠城の士に村田弥惣がある。

村松（むらまつ）

村松姓は西部では市町ランク1桁に入る市町村が多くあり西部内では7位。県ランクは20位。遠江の村松氏は藤原氏流で、山名郡村松村（袋井市）発祥といい、三位中将藤原茂氏が大同元年（806）、越後国村松より山名郡村松村（袋井市）に来住したに始まると伝えられる。茂氏の後裔、村松源左衛門尉茂堯の子、源左衛門茂国は徳川家康に仕え、天正年間、浅羽（浅羽町）代官となった。子孫は宇刈7騎と呼ばれた郷士で中村（袋井市）、市場村（春野町）の大庄屋をつとめた。掛川の村松氏は掛川藩主山内氏が土佐国に転封の時、随従して移住したが、一族の子孫には江戸末期、掛川藩御抱画師の村松笠斎がある。榛原郡勝間田庄（榛原町）の村松氏は勝間田城主に仕え、応仁年間、勝間田氏が今川義忠に攻められ、滅びてからは富士の根方に移ったが、再び郷里に帰住し代々、重兵衛を名乗って庄屋職をつとめたという。

駿河の村松氏は富士郡大領の富士道時の弟範時が、村松（富士郡とあるが）に住んで村松次郎と称したという。戦国期、武田氏に属した安倍谷土着の士に村松藤左衛門があり、花沢城主小原肥前守鎮実に従った村松藤右衛門は落城後、八楠村（焼津市）に住み、子孫の村松藤吉郎は父の仇を討ち、その孝心を賞されて後に田中藩（藤枝市）に召し抱えられた。幕末期、志太郡焼津の医師村松文良はもと彦根藩医で片山文泰といったが、江戸に出る途中病を得、そのまま焼津の村松家を継いだ。その女婿、村松文三（香雲）は勤王の志篤く国事に奔走し、明治新政府下で福岡県令となったが晩年、郷里の焼津に帰った。「男子志を立てて郷関を出づ」の詩は勤王僧月性の作ではなくて、この文三の作という。また、製茶法の改良に尽くした志太郡兵太夫村（藤枝市）の村松氏の祖は青柳村（吉田町）の土着の武士で、先祖は清和源氏石和伊豆守信政の後裔の村松宗祐といい、宗祐は山名郡村松村（袋井市）の郷士で今川氏に仕え、その子常道が青柳村に退き、常道の子常本の時この地に移住してきたという。島田宿本陣村松氏と藤枝宿本陣村松氏は慶長（1596―1615）の頃から続いた。

室伏（むろふし、むろぶせ）、諸星（もろぼし）

室伏姓は県ランク213位、東部に集中し、函南町は最も多く町ランク4位に入る。『承久記』によれば室伏、室臥、室星、諸星と相通ずるという。室大納言藤原義照は武士に下り室伏加賀守と号し、実子は室伏、庶子は諸星を姓としたという。甲斐室伏氏は東山梨郡室伏（諸星）村より起こり、承久の頃、室伏六郎保昌がある。戦国期、武田氏族の板垣駿河守信形の後裔で武田信玄に仕えた諸星玄蕃允がある。鎌倉期、富士郡川久保村（富士市）の室伏佐五左衛門は熱原法難で死んだ神四郎らの縁者でその供養をしたと伝え、建武2年（1335）、室節仁右衛門政氏は二条為冬卿に従軍し竹之下（小山町）で足利軍と戦って敗れ、後にこの地に隠遁したと伝える。駿東郡小山生土村（小山町）の室伏氏は加賀守の後胤と伝え、加賀国の富樫左衛門尉の末孫、室伏土佐守義勝の子、四郎左衛門尉義広は駿東の豪族、大森信濃守に仕えたが、生土村を開発して居住したという。後に小山村（小山町）に移住し、天文の頃、宝伏内膳正宗長という。

《も》

望月（もちづき）

望月姓は県ランク3位の大姓で、中部内では2位、清水市は市ランク1位。信濃望月氏は信濃国佐久郡望月村より起こり、清和源氏信濃判官滋氏の後裔、広重が望月を称したに始まる。県内の望月氏は信濃、甲斐の望月氏の流れを汲み、海野氏とは同族であるだけに流入経路や分布状況が共通する。戦国期、駿河金山の金掘衆が甲斐から移住し、その中に望月氏は多くみえ、海野氏と共に支配的地位にあり、武田家臣、望月瀬平は天正年間、梅ヶ島（静岡市）日蔭沢で金鉱を発見している。永禄初期、今川義元家臣に望月兵庫助の名が見えるが、今川氏が衰退し駿河に武田氏の勢力が拡大された天正の頃になると、安倍郡（静岡市）周辺に繁延していた望月一族はほとんど武田方に属している。安倍7騎の1つに数えられた俵峰村（静岡市）の望月氏、横砂村（清水市）、矢部村（清水市）、内房村（芝川町）、南松野村（富士川町）、吉原村（富士市）などの望月氏も武田氏に従い江尻城主穴山梅雪（武田信君）に属した。天正の頃、望月五郎兵衛は安倍元真に属し、元真が武田方に攻められて敗れ徳川家康に属した時、榛原郡千頭奥（本川根町）にかくれ住んだという。これら望月氏の多くは武田氏が滅亡してからその周辺地に土着したと伝えられる。『水府系纂』を著した水戸藩士、望月五郎左衛門の祖は安倍郡望月氏の出で、天正の頃は江尻城主穴山梅雪に仕え、武田氏が滅びてから武田信吉（徳川家康の5男）に仕えて水戸藩士となった。元和年間（1615―24）、内房村（芝川町）を知行した望月治左衛門や駿府の本陣望月氏、中野村（静岡市）の里長をつとめた望月氏、江尻の万屋などは族裔である。江戸後期、伊豆韮山代官江川英毅の家臣望月直好は江川家財政復興のため屠腹して紀伊藩に懇願した。英毅の子英竜（坦庵）はこの忠功に報い、血縁の京極大象を召抱え望月氏をつがせたという。

森（もり）

森姓は静岡市は特に多く、西伊豆町は町ランク4位に入る。県ランクは32位だが、徳島県では県ランク1位という。美濃の森氏は源義家の六男義隆が、相模国森庄に住んで森を姓とし、その後裔の森泰家が美濃国に住んだのが始まりという。清和源氏の源頼親8代の孫大森茂治の後裔、大森太郎左衛門泰守は今川氏に属し、永正の頃、周智郡森城（森町）を守り、今川氏親の命により森と改姓した。別説では泰守は藤原道隆の後裔、大森信濃守親家の後裔という。泰守の兄の大森与市康義は草薙神社（清水市）神主であったが今川氏親に追われ、泰守が神主職を継ぎ、以後代々世襲した。永禄初期、今川家臣に森源太夫、小十郎、才三郎があり、森伊賀守は今川18騎の1人といわれた。

有度郡上河原（静岡市）の名主森助右衛門の子森安秀は、江戸に移住して大村加卜と称し、医者であったが刀工となり、後に水戸徳川家に仕えた。大村は母方の姓といわれるが、一説によると「森」の字の木から｜を取って大とし、林から、を取れば村となり、取った｜と、を一緒にしてト、このトを大と村に加えると元の森となるから大村加卜と名付けたという。

江戸後期、駿府宮ヶ崎の深江屋森直樹は国学者として名があり、その子直里、直吉、三穂磨兄弟も国学をよくし、島田の森貞吉（冬羅）、政吉（箕雀）父子は俳人として名がある。浜松五社明神の神主森氏は元和年間は森民部少輔藤原吉次といい、子孫の森暉昌は杉浦国頭と共に江戸中期の国学者として名高い。また、寛政期、駿河足高山馬牧（沼津市）に勤仕した石川村（沼津市）の名主、森甚右衛門藤蔵がある。賀茂郡岩科村（松崎町）の神官森氏の先祖は室町期、相模国森の郷から来住し、神職松崎氏を継いだといい、源氏の後裔と伝える。

森川（もりかわ）

森川姓は全域に分布し県ランク297位。宇多源氏流森川氏は佐々木頼綱の子、堀部宗綱から出たともいう。その後裔の森川定泰の子、堀場宗氏は尾張国比良郷に住んで織田信秀に仕え、その弟、森川（河）日向守定兼は今川氏に属し、永禄12年（1569）今川氏真が駿河戸倉城（清水町）に在城していた時、駿府を去って戸倉城に赴き、後に徳川家康に仕えた。定兼の子、助右衛門は今川氏真に仕えようとして今川家臣飯尾豊前守致実に属していたが、飯尾氏が徳川家康に内通したとして氏真に攻められた時、致実と共に討死した。助右衛門の子、照通、照憲父子は徳川家康に仕え、子孫は旗本となった。今川家臣の森川備前守は後に武田氏に属し、天正9年（1581）高天神城（大東町）の侍大将になり討死した。この系流は堀部、堀場、森川と改称しているが、戦国当時に森川姓を名乗った者は今川家臣の系統であったといわれている。元和9年（1623）より幕臣森川六左衛門は沼津代官となり、田中藩（藤枝市）本多家臣の森川氏の先祖森川又十郎昭峰は甲斐国出身という。

森下（もりした）

森下姓は県ランク90位。西部で全数の60%を占め、川根、春野地域の各町では町ランク3～7位に入る。因幡国の森下氏は『明徳記』に山名氏の老臣森下六郎がみえ、その一族に森下出羽守、四郎左衛門がある。上野国森下村より起こった森下氏には森下三河守がある。享保12年（1727）、豊田郡二俣村（天竜市）の庄屋に森下新兵衛があり、宝暦4年（1754）森下善七は沖之須本郷村（大須賀町）の暘谷寺弘法堂を寄進、沼津水野藩士森下祐八惟申は江戸後期、『沼津略記』などの編さん者。また、見付宿（磐田市）、千頭村（本川根町）の名主に森下氏があり、幕末期、遠州報国隊に森下喜久蔵がある。

森田（もりた）

森田姓は全域に分布し県ランク112位。森田の地名が各地にあるので、藤原氏工藤氏流南家流工藤祐永の後裔をはじめ、菊池氏流、佐々木氏流など諸流がある。遠江川合村（袋井市）の住人、森田次郎左衛門は片桐氏に被官し、大坂の陣では徳川方に属して従軍した。志太郡身成村（島田市）の森田氏の先祖の永田左衛門宗光は、治承4年（1180）、源頼朝の挙兵の時、平家方に属して甲斐武田氏に討たれた長田忠致の一族かという。この子孫は代々源左衛門を称して身成村の庄屋をつとめ、明治新姓で森田姓に改めたという。安永の頃、引佐郡西浜名村（三ヶ日町）の森田忠蔵は西国巡視の帰りに紀伊国那智より、ミカンの苗木を持ち帰り植えたという。これが引佐郡における紀州ミカンの元祖と伝えられる。

《や》

八木（やぎ）

八木姓は静岡市周辺に多く榛原郡下では市町ランク10位内に入る市町が多い。県ランク40位。日下部姓朝倉氏流は但馬国八木村より起こるが諸流がある。建武年間（1334―36）、榛原郡初倉庄（島田市）の八木新左衛門尉秀清は今川範国の被官で足利氏より初倉庄永郷の本領を安堵され、子孫は代々今川氏に仕え、八木勘左衛門は榛原郡松本村（相良町）を知行し後に徳川方の高天神（大東町）城主小笠原長忠に属し、天正2年（1574）落城後は武田氏に仕え甲斐国で討死したという。その子九郎兵衛は相良近郷に永住したという。大日村（吉田町）の八木佐治平は永享3年（1431）敬満宮を造立し、波津村（相良町）の八木氏は永禄5年（1562）心月庵を、天正2年泰定奄を開基した。日下部氏流の八木正重は今川氏真に仕えたが、今川氏没落後処士となり、後に徳川家康に仕えた。江戸時代、浜野村（大東町）の八木氏は代々大庄屋をつとめ、八木太郎兵衛美庸の長男美穂は国漢学、和歌に秀で、弘化年間、里長をつとめ、後に横須賀（大須賀町）藩の文学教授、学問所教授長となった。榛原郡上長尾村（中川根町）の八木氏は本家を又作、分家は二右衛門を称したが、後に両家を合して又左衛門が継ぎ、以後代々名主職を務めた。相模北條家臣の八木氏は職人衆銀師といい、永禄初期、三島田給田を知行し、八木和泉守は天正初期、下田城主清水氏に属して子浦（南伊豆町）を領し、寄港する他国船を支配していた。

山内（やまうち、やまのうち）

山内姓は西、中部に分布し県ランク110位。山内氏は藤原秀郷の後裔、首藤義通の子俊通が相模国鎌倉山内に住み、山内首藤刑部丞と称したに始まる。遠江山内氏は首藤氏流で、弘安4年（1281）、鎌倉幕府家人の山内通茂が周智郡飯田荘の地頭職となり、応永元年（1394）天方城（森町）を築く。応永7年頃、天方城主の山内対馬守道美は三條中納言の代官となり、飯田城（森町）を築いて移住し、天方城は弟山城守（通秀か）に守らせる。

『山内系譜』は対馬守通継（道美）―玄番正通忠（駿河守久通）―大和守通泰―但馬守盛豊（豊通）―一豊と続く。道美の子通忠は今川範政に仕え高天神城（大東町）を守り、通忠の子通泰は今川氏の侍大将をつとめ、永禄12年（1569）、飯田城を守り徳川軍と戦って討死し、遺子伊織は三河国に逃れたという。天方城を継いだ山城守の子孫は『天方系図』によると、通秀―通良（通清）―通泰（通仙）―通員（道的）―通季（道分）と続き、天方を称して代々天方城を本拠として今川氏に属したという。『土佐山内系図』では一豊の祖父通泰は丹波国から尾張国に来て、父盛豊は織田信秀に仕えたが、家中の内紛で討死したといい符合しない。一豊は豊臣秀昔に仕え天正18年（1590）、掛川城主となり、関ヶ原役の後、土佐高知に移封されて土佐藩祖となる。その妻千代は良妻の鑑として有名。子孫は明治まで続き、幕末期の藩主山内容堂は特に著名である。江戸初期、駿府商人の山内氏は寛永末期まで貿易商として栄え、また享保（1716―36）の頃、榛原郡吉田村（吉田町）地蔵院を建立し、新田開発した山内与五郎の子孫は庄屋をつとめた。

山口（やまぐち）

山口姓は全域に分布し伊豆には町ランク1桁に入る町が5町もあり、県ランク34位。佐野郡山口郷（掛川市）発祥と思える山口氏は高梨氏流で、『太平記』に山口新左衛門尉、七郎左衛門などが見える。永禄初期、今川家臣に山口九郎次郎があり、山口将監は周防大内氏の末流で、大内氏滅亡後、駿河に来り持舟城（静岡市）を守備したという。永禄12年（1569）蒲原城を守衛して討死した北條家臣の山口宗次郎、宗三郎は多々良姓大内氏流で周防大内氏と同族。享保年間（1716―36）遠江出身の山口静六は田中藩士となり、江戸後期、三島宿の問屋、名主に山口氏がある。

山崎（やまざき）

山崎姓は全域に分布し掛川市は市ランク3位、県ランクは30位。山崎四郎左衛門は正平年間（1346―70）、徳山城（中川根町）主土岐山城守の出城を守り、南朝方に味方したが、正平7年、北朝方の今川範氏に攻められ落城し、徳山城に退いたが翌8年に徳山城も落城した。明徳元年（1390）、敷智郡村櫛村（浜松市）に山崎弾正左衛門清懐がある。永禄初期、今川家臣に山崎権之助があり、慶長、元和の頃、駿東郡保土沢新田（御殿場市）を開発した草分け7人の中に山崎氏があり、佐野郡上垂木村（掛川市）の雨桜天王社神主の山崎氏の先祖は弓削《ゆげ》氏流の山崎源四郎久矩といい、遊家村に住み天正11年（1583）頃は四郎兵衛久長という。幕末時、掛川の資産家、山崎才兵衛は安政の大津波の時、掛川藩に300両献金したと伝えられる。

山下（やました）

山下姓は県内全域に分布し県ランク24位。浜松市は市ランク7位、本川根、舞阪、春野町など町ランク10位内に入る町が12町もある。甲斐国発祥の山下氏には藤原、清和源氏、三枝氏流があり、信濃国筑摩郡山下村より起こった山下氏は木曽氏流という。甲斐の清和源氏流山下氏は浅利與市義利の後裔、新兵衛義勝が甲斐国山下村に住んで山下を称したに始まり、寛永の頃、徳川船手頭となり清水港に住んだ山下藤蔵がある。相模山下氏は佐野松田氏流の大槻高義の子、経高が山下小次郎と称し、応永年間（1394－1428）、山下彦八は伊豆南條郷浮橋村（大仁町）を領し、永享10年（1438）、田方郡宮上村（中伊豆町）に山下氏がみえる。天正18年（1590）、山中城（三島市）を守備して討死した山下兵庫助正基、源次正次がある。豊田郡大当所村（豊岡村）の山下氏の初代、山下與三郎政忠は清和源氏小笠原氏流で、応永年間信濃国から白羽村（竜洋町）に来住、6代目の山下和泉政豊は松下嘉兵衛之綱に仕え大当所村に分住して郷士となり、子孫は名主を世襲し、国学者山下正彦が出た。中泉代官に仕えた政光は大当所村から中泉村に移り、その孫、山下濕庵は医家として名がある。

山田（やまだ）

山田姓は県ランク8位の大姓で全域にくまなく分布し、伊豆ではほとんどの町村が町村ランク1桁内、特に戸田村は村ランク1位。全国地名ランク4位というから山田姓の発祥地は各地にあり、県下でも周智、豊田郡に山田村がある。延暦年間（782—806）、伊豆国掾《じょう》の山田豊浜は京都に上る途中、伊勢国で酒を飲み毒に当たって死んだというが、県下の山田姓では最も古い。益津郡方上越後島（焼津市）の山田氏の祖は駿河守源定宗といい、山田越後守義継は承久の乱（1221）で越後国に流されたが、7年後に帰国したという。後裔の今川家臣山田左衛門尉長益の子、新左衛門尉元益は今川義元に仕え永禄3年（1560）、桶狭間の戦いで討死した。この付近の山田氏は義継の後裔という。山田仁左衛門長政は天正18年（1590）、駿府に生まれ、父は山田友山（九左衛門友昭）といい、津国屋という紺屋を営み、母は藁科村（静岡市）の寺尾氏の娘という。若くしてシャム国（タイ）に渡り、国王を助け六昆《りごーる》太守にまで昇進したが、晩年、反対派に謀殺されたと伝えられる。

駿河大宮（富士宮市）の浅間神社神官に元亀年間（1570—73）、福寿大夫山田甚三郎があり、駿府沓谷の山田七郎兵衛政雅は慶長の頃この地を開発し、子孫に駿東郡で御林守を勤めた長右衛門がある。周智郡森の山田氏は暦応5年（1342）、朝廷より鋳物師の勅許を受け、山田七郎左衛門は徳川家康から駿遠両国の鋳物師惣大工職を命ぜられ、子孫は代々七郎左衛門を襲名し、その弟の六郎左衛門は御用鋳物師として家康に仕え、駿府鋳物師町に住み、後に江尻（清水市）に移住し、この兄弟の子孫は幕末まで鋳物師として続いた。駿東郡熊堂村（沼津市）の名主山田源五郎（源次）は村人の減税運動をして投獄され、天保

11年（1840）獄舎で死亡した。
遠江には天文年中（1532―55）、磐田郡社山城（豊岡村）城主に山田八蔵国時、浦川鶴ヶ峰城（佐久間町）城主鶴山氏家臣に山田半之丞、熊千代丸があり、江戸中期の中泉駿府代官に山田治右衛門や茂左衛門至意もある。また田中藩本多正矩家臣の山田仙右衛門勝敷や山田甚大夫一通は遠江出身という。伊豆には応徳元年（1084）山田権太夫正純が吉佐美村（下田市）に来住し、延徳の頃、宇久須村（賀茂村）に山田織部があり、永禄後期、北條氏の代官山田氏が江梨村（沼津市）にある。賀茂郡毛倉野村（南伊豆町）高嶺神社の祢宜山田氏は天文の頃から続き、熱海には江戸中期、湯宿を営んだ山田八郎右衛門、彦四郎があり、幕末期、幕府の命によりロシヤ軍艦ヘダ号を建造した時、造船御用係をつとめた戸田村の山田半左衛門もある。

山中（やまなか）
山中姓は県ランク267位、全域に分布する。甲斐山中氏は都留郡山中城から発祥し、藤原氏流、清和源氏小笠原氏流、橘氏流と伝え、伊勢平氏関氏流の山中氏は関左近大夫実忠の末孫、山中上総介盛元の時、北條早雲に従って関東に下り、その子修理亮盛高は北條氏綱、氏康に仕え、子孫は北條氏の重臣となった。盛高の孫修理元定は初め北條氏規に仕えて韮山城に住んだが、北條氏没落後、徳川家康に仕え子孫は旗本となる。

山中近江守氏頼は三好澄元に仕えたが、後に北條早雲に従い、子孫は北條氏に歴仕したが、4代孫新右衛門直元の時北條氏が滅亡し、後に徳川家康に仕えた。永禄初期、北條家臣の山中彦次郎は伊豆小野（南伊豆町）、鶴喰、佐野（三島市）を知行し、天正期、彦次郎政信は道部、岩科（松崎町）の代官をつとめた。

駿河大岡庄（沼津市）の山中氏は天文、永禄、天正（1532―92）の頃、源三郎、新三郎といい、永禄末期は今川氏に属し問屋管理に当たったというが、北條家臣山中氏の一族か。江戸時代化政期（1804―30）、周智郡森の名主、山中勘左衛門豊平は遠江国内を踏査して『遠淡海地志』を編集した。先祖は尼子十勇士の山中鹿之助幸盛という。

山梨（やまなし）

山梨姓は県ランク128位。特に清水市が70%を占める。全国では4000位近いというから清水市特有の姓。甲斐国には古くから山梨郡があり、山梨県主《あがたぬし》（上古の地方官）が住んだという。周智郡山梨村（袋井市）は昔、東海道の要衝地であり、奈良時代は物部山無媛《やまなしひめ》連《むらじ》公の領地という。永禄年間、今川家臣に山梨右馬之助があるが、山梨村が発祥地であろうか。興津（清水市）の山梨氏の祖は、桓武平氏流鎌倉権五郎景政の末裔で甲斐国山梨の地名を姓とし武田氏に仕えたが、子孫は興津濁沢《にごりさわ》に移住したという。一族の山梨伝左衛門の5男平四郎政門は元禄以前に西方村（清水市）に分家し、その子平四郎治重の娘志賀子は歌人として名があり、子孫は代々平四郎を名乗る。治重の孫、維清は鶴山と号し天保期（1830―44）画人として名をなし、鶴山の叔父治憲（東平）は稲川《とうせん》と号し説文、音韻学、漢詩で名高く、文化年間、駿河奉行服部貞勝の命により『駿河記』編集の総裁となった。その長男清臣は稲川氏、二男玄昱は中村氏を称した。遠江の山梨の地名は「山無し」から転化したといわれ、『郷土雑記』による「山梨郷は水田多くして山や岡がなくすべて平地で、この地を月見里といい、あるいは月見里と書いてヤマナシと読む」とあり、清水市に月見里姓が現存する。

山村（やまむら）

山村姓は熱海市に多く全数の40％を占め、市ランク6位に入る。県ランク205位。甲斐国東山梨郡山村より起こる山村氏は一條忠頼家臣の山村小太郎が『東鑑』にみえる。信濃山村氏は近江国山村郷より発祥した大江氏流で、左衛門尉良道が山村を称し、その子新左衛門良利が慶長年間、信濃国に移住したという。堀江城主大澤氏の将、山村修理は後に武田氏に属し、徳川家康に抗して引佐郡気賀（細江町）堀川城に拠り戦ったが、永禄12年（1569）、落城し討死する。江戸中期、出羽の山村月巣は俳名高く、後に駿府に住み時雨窓《しぐれそう》1世となった。

山本（やまもと）

山本姓は県ランク5位、全国でも5、6位という大姓。県下全域に分布し、この姓のない市町村はない。1桁ランクの市町村も多く、特に湖西市、西伊豆、南伊豆町はランク1～2位に入る。山本は山の麓という意味で各地に地名があり、その系統も極めて多い。源満政の後裔吉野冠者重季の子孫の吉野浄雲入道貞倫は、南朝方に味方し延元2年（1337）、富士郡山本村（富士宮市）に住み、その二男弾正貞久は山本姓を称して今川氏に仕えたという。貞久の孫、源貞幸は三河国牛窪の牧野右馬介の家令大林勘左衛門の養子となって勘助晴幸と改名し後に武田家の軍師となる。勘助の出自については異説があり、三河国八名郡加茂村の山本藤四郎の三男に生まれ、大林勘左衛門の養子となり大林勘介貞幸と改め、後に山本勘助となって武田信玄に仕えたともいう。周智郡一宮村（森町）八幡神社神主の山本氏は勘助の兄の子孫と伝える。

鎌倉時代、山本弥三郎重安は日蓮上人の弟子となり、斎藤弥三郎と共に父祖の仕えた平維盛の子6代の菩提を弔い、重安の子は出家して日実と称し、沼津妙海寺を開基したという。また富士郡山本村発祥の山本氏は度会姓で初代を宗方といい、永禄年間、山本左衛門佐義晴は今川義元に仕えて藁科村（静岡市）を領し、その子忠兵衛正義は徳川家康に仕えた。永禄初期、今川家臣に藤原氏流の山本清七郎、林右衛門がある。今川家重臣朝比奈氏に仕えた山本源左衛門政信の子源左衛門某は、後に江尻城（清水市）主武田信君（穴山梅雪）に仕えた。

富士郡中里村（富士市）の山本氏は北條旧臣の山本八右衛門親章の後裔で清和源氏流といい、駿府商人の山本与三郎左衛門長徳、下清水の浜御殿を預った山本新左衛門もある。志太郡瀬戸ヶ谷郷（藤枝市）の山本氏の祖、山本彦右衛門は大坂陣の時、鉄砲役をつとめ、その賞として後年諸役を免許されたという。江戸後期、駿府伝馬町の山本氏から可睡斎38世を継いだ画僧越渓が出、幕末期の俠客清水次郎長は山本長五郎が本名。

遠江では藤原氏流相良二郎左衛門入道浄信の子、五郎頼持が山本を姓としたといい、また清和源氏流源義光の孫、山本遠江守義定を先祖とする流れもあるという。掛川太田藩儒の山本忠英は文化年間、『掛川誌稿』を著した。

伊豆の山本氏は近江国浅井郡山本村発祥の清和源氏流山本氏族といい、遠江守義定の後裔の山本玄通が応徳元年（１０８４）来住したとも、また義定の後胤の山本左衛門佐政村が子浦（南伊豆町）に住んだとも伝えられる。『基氏伝帖』によると、延元元年（１３３６）の西伊豆小松城主に山本飛驒守、信濃守があり、文明18年（１４８６）賀茂郡松崎村の東福寺を開基した近江佐々木氏流の山本左衛門佐盛実やその子若狭守盛季、同じ頃南中村（南伊豆町）の保養寺を創立したという山本道政がある。北條早雲が伊豆国に侵入した延徳3年（１４９１）、田子城（西伊豆町）城主山本太郎左衛門尉は早雲に従い、子孫は北條氏滅亡の天正18年（１５９０）まで北條水軍の将として活躍し、永禄初期、子孫の山本太郎左衛門（信濃守常任）は田子、一色（西伊豆町）、梨本（河津町）などを領し、伊豆衆21家に数えられた。常任は北條氏滅亡後、越前宰相秀康に仕えたという。室町初期から天正期まで紀伊国南部で栄えた近江山本氏族の山本氏があるから、伊豆の山本氏の先祖は鈴木氏と同じように紀伊国から船で来航したのかも知れない。

《よ》

横山（よこやま）

横山姓は県ランク76位。大井川、賀茂郡東伊豆町は町ランク五5〜6位。全国では50位に入る大姓。横山姓では小野妹子の後裔小野義隆が武蔵国多摩郡横山に住んで横山を称し、武蔵横山党と呼ばれたのが有名である。志太郡落合村（島田市）の横山氏の祖は、九條関白藤原道家の縁者道清と伝えられ、道清は戦乱の京都から逃れて島田に移り、この地の郷士横山七郎右衛門信之の婿養子となり、横山入道道清と称した。子孫の横山武兵衛尉は永禄の頃、今川氏に仕えたが、武田氏が駿河に侵攻してから郷士となり、子孫は代々庄屋職をつとめ、七郎右衛門を名乗る。この横山氏の源流は鎌倉時代からこの地で続き、この地方では最古の豪族と伝えられる。永禄初期、今川義元家臣に横山源太夫、千之助があり、慶長期、金谷の巖室《いわむろ》神社神主に横山八右衛門があり、元禄期、島田代官長谷川藤兵衛の家臣に横山只右衛門がある。

天正年間（１５７３―９２）、駿東郡千福村（裾野市）の横山文左衛門は北條氏に属し、その子孫に寛政期、足高馬牧の牧士横山瑞平がある。駿東郡須山村（裾野市）の東北方十里木では横山姓が90％を占め、先祖は西田中村（御殿場市）から移住したという。

吉川、吉河（よしかわ、きつかわ）

吉川、吉河、吉香《きっか》の発祥は同じで、吉香が古く、吉河、吉川の字は新しいといい、キツカ、キツカワが本来の読みといわれる。吉川姓は今日、ヨシカワの読みが多く県ランク177位、東、中部に分布し清水市が最多。駿河吉川氏の祖は藤原為憲の後裔の入江右馬允景兼の孫経義が文治元年（1185）、有度郡入江庄吉川村（清水市）に館を築いて吉香を称し、5代孫の経高まで128年間、この地に居住した。『吉川系図』によれば「初め吉香《きっか》あるいは木《きっ》河《か》、吉河《きっか》、後に吉川《きっかわ》に定む」とある。経義の子、小次郎友兼は鎌倉幕府に仕え、幕府に叛逆し京都に向かう梶原一族の追討の時、奮戦して深手を負ったが梶原景茂を討ち取り、駿河第1の勇者と賞された。その子左衛門尉経兼は父の功により播磨国福井庄の地頭職となり、子の左衛門尉経光は承久の乱の時、宇治川で武勇をあらわし、賞として安芸国大朝本庄などの地頭職に任じられたので、その子経高の代の正和2年（1313）、安芸国に移住した。経高の子（弟とも）経盛は足利尊氏に属し、子孫は安芸吉川《きっかわ》氏として栄え、戦国期には大江氏流の毛利元就の二男元春がこの吉川氏を継いだ。子孫は江戸時代、周防国岩国6万石藩主として幕末まで相続した。

吉川氏の嫡流は安芸国に移住したが、経高の弟経時の子孫は駿河国に残り康永年間（1342－45）、吉川兵部五郎、六郎があり、兵部五郎4代孫の兵庫景豊は文明年間（1469－87）、庵原郡清地村（清水市）に居住して今川氏に仕え、永禄初期の今川家臣に吉川左近大夫もある。景豊の後裔の吉川主馬は武田氏に属して川中島の戦に参加したが武田氏滅亡後は帰郷して郷土となり、子孫は清池村の里長をつとめたという。発祥地の清水市の吉川氏はヨシカワとキツカワの読みがある。

吉田（よしだ）

吉田姓は全国で13位の大姓だけあって全域に分布し、県ランク27位。吉田姓の歴史は古く、吉田の地名も各地にあるからその系流も多い。延暦3年（784）、吉田連《むらじ》季元が伊豆守となり、伊豆には古くから占部《うらべ》姓吉田氏があり、吉田（占部）平麿は田方郡吉田村（大仁町）出身という。清和源氏流吉田氏は武田信義の子、有義が吉田四郎と称したに始まり、また藤原氏流の伊豆住人河津祐隆の後裔、小名氏澄（河津二郎）の子が吉田を称したという。北條家臣の吉田又三郎吉長は天文、永禄期、三島近郷や下田横川を領知した。

駿河吉田氏は今川氏に仕え、今川義元の軍《いくさ》奉行の吉田武蔵守氏時は永禄3年（1560）桶狭間の戦いで討死、三郎衛門はこの時、旗本衆。遠江には天正2年（1574）の高天神城（大東町）大須賀衆に吉田佐太郎、大坂陣に参戦した吉田太郎大夫は川合村（袋井市）住人で片桐氏の被官。江戸時代、浜松の剣客吉田一刀斎などがある。

吉野（よしの）

吉野姓は富士宮、富士市地域だけで全数の50％近くを占め、県ランク295位。駿河の吉野氏は源満政7代の孫、吉野冠者重季の後裔で、富士郡山本（富士宮市）から起こり、戦国期までこの地を支配した。満政の子忠重、忠隆兄弟と忠重の子忠宗は駿河守となる。忠宗の後裔の吉野太郎重泰は、父の重季と共に承久の乱で京方に味方し、弟の憲禅（願行上人）は永仁年間（1293―99）相撲国大山を開基した。子孫は南朝に仕え吉野11党の一に数えられ後裔の吉野浄雲入道貞倫から累代山本村に住み、子孫には天文年間（1532―55）、竜泉寺を開基した吉野日向守があり、流裔に信盈、信方がある。貞倫の二男貞久は今川氏に仕えて山本弾正と名乗り、武田氏の軍師となった山本勘介はこの孫ともいう。天文期、大岩村（富士宮市）の吉野郷三郎は久日、山本、小泉（富士宮市）を領し、一族の九郎左衛門、左衛門らと北駿の豪族葛山備中守氏元に属し、天正期、吉野忠左衛門は武田氏に属し、久日、石田（沼津市）を領知し、吉野助左衛門は天正11年、徳川家康より吉原（富士市）、柚野（芝川町）を安堵される。

米山（よねやま）

米山姓は県ランク188位、東駿地域に多く富士市は全数の30%以上を占める。駿河の米山氏は宇多源氏流で、源平合戦に活躍した佐々木四郎高綱の子、野木光綱の孫、泰俊（綱）が遠祖。越中国米山村から起こり、永禄年間、信濃国に移住し、のち、武田氏に仕えて甲斐国に移るとも、また泰俊が富士山下の甲斐米山に居住して米山を姓としたともいい、後に駿河に来住したという。駿東郡須走村（御殿場市）に御師（神官）米山氏があり、江戸後期、二俣村（天竜市）の名主米山惣右衛門忠恕は俳人として名がある。

《わ》

和田（わだ）

和田姓は西部には町村ランク一桁の町村が多く県ランク81位、全国では35位。全国地名ランクは12位という。名高い和田氏は桓武平氏三浦氏族で相模国三浦郡和田村より発祥したが、この他流系は多い。清和源氏流は源頼朝の弟、阿野法橋全成が駿河国阿野庄（沼津市）に居住し、その子道暁は富士郡岩本村（富士市）に住み、道暁の子智暁は駿河阿闍梨と称し、智暁の弟仁暁が和田禅師と号した。橘氏流は楠木正俊の三男和田太郎親遠を始祖とし、後裔の正春が足利将軍義教の富士遊覧に従って遠江に来り、二俣（天竜市）に蟄居した。その子正家は今川氏に仕え塩買坂で討死し、正家の子正章、孫正廣は今川氏親、氏輝に仕えた。正廣の子正堯は今川家の家督相続争いの際、花倉（藤枝市）で自殺し、その子元正は永禄3年（1560）桶狭間の戦いで討死した。元正の子正秀は武田信玄に仕え甘利備中守に属して信濃国で戦死、その子秀教は武田氏に仕え、天野景秀の妻が和田氏の出という所縁によって遠江国に帰り、景秀の四男河内守秀長を養子とした。秀長は笹峰城に拠り、武田氏滅亡後は徳川家康の招きを辞し、平木村（春野町）に住み、その子政景、政家父子は平木村、政家の弟政長は気田村に永住、子孫は大庄屋をつとめた。北遠の磐田郡龍山村の和田氏は江戸初期からの豪家で代々佐太夫を称すが同族か。永禄初期、二俣（天竜市）城主松井氏に属した和田八郎次郎、三郎左衛門もある。

沼津の和田氏は楠木一族の遠裔といい、先祖の和田伊賀守正直は摂津国高槻城に拠り、その子源兵衛正之は元和元年（1615）、庵原郡町屋原村に移り、その弟平左衛門義之が沼津に移住した。子孫は「伝」を通字とし、代々沼津藩の御用達、名主をつとめた。伊豆の和田氏は桓武平氏流で、上野介平直方の子聖範は、初め熱海の和田に住んで和田四郎大夫、阿多美四郎と称したという。この子孫は韮山北條（韮山町）に移住して北條氏を名乗り、北條時政の時、源頼朝の挙兵に尽力し、子孫は鎌倉幕府執権職となった。応徳元年（1084）賀茂郡吉佐美村（下田市）に来住したと伝えられる和田荘司成定の子、平太正成は物部氏流という。

若林（わかばやし）

若林姓は富士宮、清水市から沼津市まで地域に多く分布し、県ランク230位。三河国碧海郡若林村より発祥した若林氏は松平氏族で徳川家康に仕え、信濃国諏訪地方の若林氏は清和源氏赤松氏流という。武田家臣の若林但馬守は江尻城（清水市）城主穴山梅雪信君に仕え、天正10年（1582）穴山氏滅亡後は浪人となる。若林与右衛門尉は幕臣で寛永11年（1634）、久能山五重搭建立の奉行となる。

渡邊・渡邉・渡辺（わたなべ）
渡部（わたなべ、わたべ）

ワタナベの文字は渡邊、渡邉、渡辺などがあるが、同祖同流なので以下渡辺と書く。渡辺姓は県ランク2位だが、数の上では1位という山梨県よりも多いという。全国では5位の大姓。渡部姓も広く分布し、本来はワタナベの読みだが県内ではほとんどがワタベと読んでいる。渡辺と渡部は同祖同流だが渡部は職業部ともいう。平安時代、源頼光の4天王の1人渡辺源次綱が摂津国西成郡渡辺に住んで姓としたのが、嵯峨源氏流渡辺氏の始まりという。綱の子孫は嵯峨源氏独特の一字名を名乗り、平安末期、渡辺党、渡辺海賊の名があり、今も発祥地大阪市に渡辺町などの名が残る。

伊豆の渡辺氏は古く、久安年間（1145―51）八丈島の賊を多々度浜（下田市）で迎え討った伊豆豪族の中に田牛《とうじ》（下田市）の渡辺氏があり、足利基氏が関東管領の頃、松崎の沢谷城主渡辺伊予守がみえ、大永2年（1522）西海岸の仁科郷（西伊豆町）地頭に渡辺弾正忠、天文期には伊予守長廣がある。この一族は足利氏に仕えた摂津渡辺氏族で、戦国期は仁科、岩科（松崎町）、加増野（下田市）の代官で北條水軍に属し、子孫は岩科村の大名主をつとめた。後に徳川幕府の船手（水軍）となって伊豆新島に移住した渡辺五郎作の祖、渡辺織部孝は一族で代々宮内村（松崎町）に居住して北條氏に仕えた。

駿河湾奥の渡辺氏は鎌倉執権北條氏に招かれた熊野水軍鈴木氏に従って田方郡江梨（沼津市）に観応2年（1351）から住みついたといい、戦国期は鈴木水軍の4天王の一として北條氏に属したが、西伊豆渡辺氏の同族と思える。『北條記』に永禄11年（1568）北條対武田の千本浜沖海戦で伊豆妻良《めら》、子浦から鈴木、渡辺、富永らの北條方兵船が三保へ漕ぎ寄せたとある。戦国期、北條家臣で伊豆国内を領知した渡辺氏は数多いが、天正18年（1590）北條氏滅亡後、土着したという。三島の渡辺氏は先祖の藤太夫日長が日蓮上人に帰依し甲斐国から来住したといい、日蓮から授与された大蔓茶羅《おおまんだら》を光長寺（沼津市）に寄進し、子孫は寺の宝庫の鍵を管理したので俗に鍵屋と呼ばれ、熱海の渡辺氏は本陣（一色亭）をつとめた。

駿河にも渡辺氏は多く、原宿（沼津市）の渡辺氏の先祖は、源頼朝の弟で阿野庄（沼津市）に住んだ河野法橋《ほうきょう》全成の子時元の孫、源久次の末孫と伝えられる。この後裔の渡辺八郎右衛門は天正年間（1573—92）、武田氏に仕え、子孫は江戸時代、代々原宿本陣をつとめた。東駿は戦国期、北條氏の勢力下であったので、北條氏に属した渡辺氏が多く、畑中村（清水町）の右衛門、土狩村（長泉町）の蔵人佑、吉原村（富士市）の兵庫介などがある。北駿は甲斐国に近いので武田氏に属した美濃守、次良左衛門や葛山家臣の備前守、庄左衛門尉などがある。深良村（裾野市）の渡辺氏は史書にみえる駿河渡辺氏では最古で、建久元年（1190）渡辺半右衛門清の名がある。おそらく鎌倉幕府の家人で摂津渡辺党の出であろう。須山村（裾野市）の渡辺氏の先祖は武田氏に属し、慶長の頃から代々須山浅間神の神主となり、医家渡辺氏はこの地で代々医者を相続し、富沢村（裾野市）の渡辺氏の祖は今川氏に属し戦国期に土着してから代々庄屋というが、この流裔か。富士西麓は、往昔から渡辺一族が繁延していた甲斐国の精進湖や西湖の湖岸に通じる街道が直通しているだけに、渡辺氏が古くから居住する。大淵村（富士市）の渡辺氏の祖は文明年間（1469—87）、渡辺清左衛門威といい、この地に渡辺城趾があるという。また今川家臣渡辺将監は根原、厚原（富士市）の関所を支配し、渡辺春徳は今川氏親より富士下方の地を与えられ、比奈村（富士市）の半左衛門は武田氏に属した。大平村（沼津市）の渡辺氏は沼津城主大久保忠佐の旧臣というから三河渡辺一族。小島村（静岡市）の神官渡部氏は永禄年間に渡辺を渡部に改めたという。また天明（1781—89）の頃、「駿河和紙」の材料となる三椏《みつまた》の栽培者として知られる白糸村（富士宮市）名主の渡辺兵左衛門定賢や芝川地方特産の海苔《のり》の元締役をつとめた半野村（富士宮市）の渡辺氏、武田旧臣渡辺左仲綱次を祖とする大鹿窪村（芝川町）の渡辺氏などもある。

渡辺綱の後裔、渡辺兵衛尉授の子繁が駿河の興津左衛門尉の家人とあり、この繁は平安末期の人で、江戸時代和泉国伯太《はかた》藩主や尾張藩重臣となった三河渡辺氏の先祖である。永享年中（1429―41）、渡辺孫次郎は藤枝の西光寺を開基、永禄期、今川家臣に平十郎がある。江戸初期、駿府にみえる多くの渡辺氏は徳川家臣となった嵯峨源氏流の甲斐や三河の渡辺氏族であり、寛永以後、清水湊船手頭となった渡辺孫助があり、明治初年、沼津兵学校で英語教授となった旧幕臣渡辺一郎温は日本最初の『イソップ物語』の翻訳者として著名である。

遠江の渡辺氏には、戦国期の戦史で渡辺勘兵衛了や渡辺半蔵守綱に比肩する渡辺金太夫照がある。照は永禄年間（1558―70）まで今川氏に仕えて城飼郡土方村（大東町）の地頭となり、後に高天神城（大東町）城主小笠原長忠に属し、姉川の合戦で一番槍の功名を挙げ織田信長から天下第一の槍と賞讃され、世に姉川7本槍の1人と呼ばれた。天正2年、高天神城を守備し開城後は主君長忠に従って武田氏に仕え天正10年、信濃高遠城を守り落城の時、討死した。その子金太夫は細川氏に仕え、肥後渡辺氏の初代となる。照の曽孫金吾は幕臣となったが、その弟左太夫は旧知の土方村に移住し、竹下村（金谷町）を開拓したといい、別流の子孫に佐倉藩堀田家重臣の渡辺勧がある。気多（春野町）の渡辺氏は代々今川氏に仕えたが、犬居（春野町）城主天野氏被官の三左衛門尉は永禄12年、徳川家康に属して気多、熊切郷（春野町）を領し、小牧長久手の戦の時大久保忠世の家臣となった。江戸中期、浜松井上藩士の渡辺市右衛門は当時、日本一の馬術家と評されたという。遠江渡辺氏は神官、学者、医者が輩出し、浜松諏訪神社神官で遠州国学の祖といわれる杉浦国頭《くにあきら》は慶長の頃より代々医者であった浜松後道の渡辺竹庵忠重の二男で、夫妻共に国学和歌に秀でた。また医者の渡辺久耀の子、儒医渡辺蒙庵操は遠州漢学の先達で、賀茂真淵や内山真龍はその門人である。変わり種では幕末期、『遠江全図』を完成した引佐郡金指（引佐町）の地誌家渡辺兵治謙堂がある。

藁科（わらしな）

藁科姓は地名があるだけに静岡、焼津市周辺に多く西部や伊豆には全くない。県ランク２３１位に入るが全国では５０００位内に入らない。藁科氏は藤原南家流の藤原時理の後裔、入江相良氏流で、安倍郡藁科村（静岡市）より起こる。『保元物語』にみえる高階十郎は藁科姓の誤りともいわれている。南北朝時代、南朝方に味方した志太郡大津城（島田市）城主藁科氏は、正平７年（１３５２）北朝方の今川範氏に攻められ落城し、『太平記』に藁科新右衛門尉家治の名もみえる。この一族は累代藁科郷に住み、代々安芸守を名乗り、初代安芸守は今川氏真に仕えたが、２代安芸守は武田信玄に属して須津村（富士市）、身成村（島田市）を領し、3代安芸守は徳川家康に仕え、その子九郎右衛門も家康に仕えて浅畠村（静岡市）、梅谷郷（清水市）の内を知行し、子孫は旗本となった。葉梨郷花倉（藤枝市）の藁科氏には永享（1429―41）の頃、藁科彦六があり、戦国期には今川氏に仕えた藁科彦九郎や安房守、左京亮、宮内少輔などがある。天正年間（1573―92）、富士郡精進川村（富士宮市）の藁科玄蕃頭は武田氏に属し、天正末期、藁科與右衛門があり、子孫は貞享3年（1686）大石寺に三師（日蓮、日興、日目）の墓を建立する。天正12年、大村（焼津市）を開発した芝切7人の中に藁科氏があり、武田旧臣という。

(順位)	(姓氏)
1393	雪山
1394	安竹
1395	矢田部
1396	頼実
1397	吉筋
1398	吉添
1399	稲勝
1400	一ノ瀬
1401	市原
1402	池富
1403	池川
1404	井指
1405	大手
1406	大熊
1407	尾高
1408	尾田
1409	梅本
1410	岩見
1411	岩清水
1412	筧
1413	柿沼
1414	清川
1415	城所
1416	木本
1417	川原
1418	佐貫
1419	吉杉
1420	鈴本
1421	椙下

(順位)	(姓氏)
1422	酢山
1423	菅尾
1424	白木
1425	芝
1426	塩地
1427	種石
1428	中森
1429	根岸
1430	錦織
1431	荻坂
1432	広畑
1433	船木
1434	伏見
1435	藤岡
1436	堀住
1437	松坂
1438	町
1439	政本
1440	増尾
1441	満間
1442	三橋
1443	本橋
1444	胸組
1445	山河
1446	谷高
1447	青地
1448	渭水
1449	入手
1450	一の宮

(順位)	(姓氏)
1451	池野谷
1452	石亀
1453	有田
1454	井野
1455	有谷
1456	嵐口
1457	大棟
1458	大嶽
1459	大関
1460	小久江
1461	請井
1462	片又
1463	糟谷
1464	笠間
1465	北詰
1466	河辺
1467	茢和
1468	佐口
1469	甲田
1470	古知
1471	杉保
1472	宅間
1473	竹口
1474	高澤
1475	谷津
1476	殿村
1477	登崎
1478	外村
1479	名木

(順位)	(姓氏)
1480	沼上
1481	西方
1482	野呂
1483	野ヶ山
1484	花澤
1485	疋野
1486	藤崎
1487	福村
1488	堀部
1489	堀谷
1490	間瀬
1491	前畑
1492	密岡
1493	溝垣
1494	森岡
1495	毛利
1496	峰田
1497	両角
1498	会田
1499	雨宮
1500	伊澤

(順位)	(姓氏)
1277	弥次金
1278	濁澤
1279	浜辺
1280	藤倉
1281	藤池
1282	丸井
1283	蒔山
1284	水田
1285	向井
1286	薮谷
1287	安富
1288	安森
1289	矢津倉
1290	赤塚
1291	味岡
1292	厚見
1293	居山
1294	出野
1295	飯野
1296	伊野瀬
1297	榎谷
1298	幸野
1299	小菅
1300	小梢
1301	墨岡
1302	島本
1303	芝口
1304	武智
1305	知久
1306	出島
1307	常木
1308	坪内
1309	蛭川
1310	日置
1311	村串
1312	矢口
1313	上倉
1314	稲
1315	磯貝
1316	板橋
1317	幾見
1318	岡谷
1319	大軒
1320	大古田
1321	枝村
1322	梅木
1323	掛井
1324	奥宮
1325	倉野
1326	澤根
1327	坂野
1328	栗木
1329	暮林
1330	堰澤
1331	鈴井
1332	神保
1333	勝治
1334	谷米
1335	中原
1336	中本
1337	西子
1338	夏賀
1339	早津
1340	浜道
1341	浜尾
1342	松江
1343	前林
1344	茂川
1345	谷口
1346	浅岡
1347	穐山
1348	池沼
1349	伊村
1350	有ヶ谷
1351	井ノ口
1352	岡平
1353	宇田川
1354	上島
1355	加納
1356	菊田
1357	木根
1358	笹野
1359	左口
1360	今駒
1361	小糸
1362	黒澤
1363	監物
1364	白橋
1365	白川
1366	下里
1367	柴崎
1368	武士
1369	塩坂
1370	高森
1371	高松
1372	田光
1373	玉井
1374	立田
1375	土切
1376	長岡
1377	西堀
1378	能勢
1379	野仲
1380	蜂谷
1381	広住
1382	平塚
1383	船山
1384	藤沼
1385	本樫
1386	若尾
1387	若澤
1388	堀越
1389	松風
1390	杢谷
1391	茗荷
1392	矢入

(順位)	(姓氏)
1161	美尾
1162	森主
1163	与五澤
1164	湯本
1165	越川
1166	高見
1167	土佐谷
1168	佃
1169	宇津山
1170	鵜飼
1171	国井
1172	清野
1173	木梨
1174	吉林
1175	石割
1176	飯山
1177	伊代野
1178	井柳
1179	大友
1180	大河内
1181	平島
1182	松木
1183	森口
1184	古本
1185	杉井
1186	新海
1187	宇田
1188	納本
1189	押尾
1190	清田
1191	木田
1192	河井
1193	吉崎
1194	入澤
1195	井手
1196	栗倉
1197	小田切
1198	古井
1199	二見
1200	水鳥
1201	諸伏
1202	矢後
1203	小枝
1204	数原
1205	時森
1206	風岡
1207	河野
1208	澤崎
1209	作原
1210	及川
1211	大澄
1212	榎土
1213	永岡
1214	西本
1215	長友
1216	広川
1217	平柳
1218	松枝
1219	水元
1220	守谷
1221	関根
1222	五藤
1223	白澤
1224	高羽
1225	谷澤
1226	鶴橋
1227	角替
1228	桂
1229	久住
1230	木原
1231	笹田
1232	山杢
1233	芳村
1234	伊代田
1235	大芝
1236	野尻
1237	畑田
1238	羽山
1239	保科
1240	藤谷
1241	藤ヶ谷
1242	三ツ石
1243	籾山
1244	向坂
1245	杢屋
1246	都田
1247	耳塚
1248	大野木
1249	野本
1250	長房
1251	船村
1252	森崎
1253	片橋
1254	大榎
1255	澤村
1256	名取
1257	竹安
1258	塚口
1259	戸波山
1260	沼本
1261	西貝
1262	巻本
1263	村野
1264	谷中
1265	井木
1266	大河
1267	尾入
1268	遠津
1269	草谷
1270	京極
1271	岸端
1272	関谷
1273	新庄
1274	高氏
1275	鳥羽山
1276	二藤

(順位)	(姓氏)	(順位)	(姓氏)	(順位)	(姓氏)	(順位)	(姓氏)
1045	森谷	1074	源馬	1103	高岡	1132	植村
1046	矢澤	1075	忠内	1104	戸井	1133	中司
1047	明石	1076	宇野	1105	金山	1134	星川
1048	横田川	1077	平垣	1106	亀澤	1135	森内
1049	磯谷	1078	米津	1107	柳本	1136	小粱
1050	荒田	1079	吉井	1108	阿井	1137	杉下
1051	浦田	1080	長池	1109	阿形	1138	鷹野
1052	曽根田	1081	又平	1110	畔柳	1139	立林
1053	須部	1082	由比藤	1111	稲川	1140	戸崎
1054	白畑	1083	尾藤	1112	生駒	1141	鶴木
1055	白尾	1084	瀬崎	1113	井本	1142	土谷
1056	椎野	1085	芝原	1114	大崎	1143	岩ヶ谷
1057	高津	1086	武内	1115	三谷	1144	鎌倉
1058	谷村	1087	岩品	1116	宮村	1145	片野
1059	常盤	1088	熊王	1117	門名	1146	北野
1060	倉島	1089	国持	1118	諸井	1147	惟村
1061	西郷	1090	亀井	1119	横澤	1148	山野
1062	権田	1091	横原	1120	竹林	1149	浅見
1063	谷澤	1092	沖	1121	徳井	1150	朝香
1064	生田	1093	野毛	1122	角田	1151	池端
1065	井島	1094	半場	1123	神部	1152	上村
1066	大窪	1095	橋爪	1124	勝澤	1153	西
1067	大河原	1096	古瀬	1125	澤山	1154	長屋
1068	尾鷲	1097	太箸	1126	山島	1155	原野
1069	榎田	1098	藤江	1127	柳川	1156	原科
1070	岩山	1099	杉岡	1128	石貝	1157	早房
1071	福代	1100	幸田	1129	池永	1158	蓮池
1072	馬塚	1101	篠宮	1130	井鍋	1159	福室
1073	八代	1102	繁田	1131	大貫	1160	松川

(順位)	(姓氏)	(順位)	(姓氏)	(順位)	(姓氏)	(順位)	(姓氏)
929	三　澤	958	沼　野	987	駒　形	1016	堀　野
930	村　本	959	花　崎	988	西　家	1017	細　野
931	浅　羽	960	平　岩	989	羽根田	1018	脇　田
932	栗　林	961	藤　下	990	浜　村	1019	美　和
933	白　岩	962	美濃部	991	増　島	1020	持　山
934	下　位	963	秋　本	992	鷲　山	1021	持　塚
935	谷　川	964	泉	993	向　島	1022	青　葉
936	栩　木	965	江　塚	994	井　田	1023	赤　井
937	柿　澤	966	小　玉	995	兼　高	1024	荻
938	笹　本	967	田　形	996	曽　我	1025	浦　山
939	仲　秋	968	丹　澤	997	竹　本	1026	上　島
940	彦　坂	969	河　本	998	玉　川	1027	金　丸
941	船　越	970	駒　井	999	辻　岡	1028	豊　泉
942	松　澤	971	日内地	1000	雲　野	1029	寺　本
943	森　竹	972	弓　桁	1001	篠ヶ瀬	1030	小　針
944	相　場	973	米　倉	1002	古　池	1031	那須野
945	浅　場	974	板　垣	1003	仲　村	1032	原　賀
946	秋　津	975	小　幡	1004	中　塚	1033	府　川
947	稲　田	976	岩　城	1005	保　崎	1034	星　谷
948	磯　野	977	稲　本	1006	三　木	1035	峰　野
949	小野寺	978	永　倉	1007	門　奈	1036	南
950	岩　倉	979	滝　下	1008	安　川	1037	大　草
951	五　條	980	高　瀬	1009	寺　澤	1038	鎌　野
952	曽布川	981	遠　山	1010	片　川	1039	諏　訪
953	関　本	982	戸　倉	1011	梶　村	1040	高　遠
954	寺　島	983	寺　川	1012	仲　澤	1041	高　崎
955	海　瀬	984	寺　坂	1013	沼　田	1042	川　隅
956	澤　本	985	倉　澤	1014	藤　川	1043	高　野
957	澤　柳	986	木ノ内	1015	福　原	1044	久　松

(順位)	(姓氏)	(順位)	(姓氏)	(順位)	(姓氏)	(順位)	(姓氏)
813	宮野	842	木田	871	篠崎	900	岡山
814	村岡	843	大内	872	伊達	901	稲森
815	水上	844	帯金	873	塚田	902	奥川
816	溝田	845	小沼	874	宮木	903	設楽
817	細井	846	高尾	875	森藤	904	小柴
818	古木	847	立花	876	影島	905	生子
819	西岡	848	二村	877	里見	906	柿島
820	羽田	849	堀場	878	末永	907	加瀬澤
821	藤間	850	柳林	879	篠田	908	岸本
822	増山	851	吉本	880	田端	909	浜崎
823	朝倉	852	伊賀	881	野秋	910	畠山
824	出雲	853	海老名	882	深見	911	平賀
825	田原	854	角田	883	安立	912	谷津
826	徳増	855	川田	884	吉山	913	坂倉
827	長井	856	仲山	885	東	914	有馬
828	中尾	857	福本	886	綾部	915	大胡
829	籔田	858	山城	887	乾	916	江口
830	河原	859	江本	888	石岡	917	渡仲
831	神村	860	岩澤	889	伊海	918	砂子
832	提坂	861	染葉	890	大箸	919	塩津
833	小磯	862	寺岡	891	宗野	920	玉木
834	春田	863	藤牧	892	津島	921	土田
835	宮司	864	秋元	893	野寄	922	勝田
836	安部	865	萩島	894	洞口	923	糟屋
837	川瀬	866	小和田	895	正木	924	鍵山
838	実石	867	織田	896	宮津	925	澤口
839	柚木	868	倉橋	897	朝日	926	藤島
840	谷野	869	佐久間	898	秋野	927	増本
841	相曽	870	島野	899	一瀬	928	巻田

(順位)	(姓氏)	(順位)	(姓氏)	(順位)	(姓氏)	(順位)	(姓氏)
697	椿沢	726	今田	755	川本	784	梅林
698	岩科	727	今泉	756	粂田	785	栗山
699	石間	728	島村	757	殿岡	786	萱野
700	榑松	729	肥田	758	安池	787	深井
701	滝川	730	新田	759	是永	788	西谷
702	杉原	731	見原	760	吉川	789	柴原
703	江藤	732	前澤	761	武井	790	高倉
704	小西	733	井村	762	友田	791	深谷
705	小塚	734	岩間	763	手島	792	中道
706	小塩	735	荻田	764	根上	793	芥川
707	下村	736	萱谷	765	荒浪	794	植野
708	澤井	737	島崎	766	石切山	795	石ヶ谷
709	長尾	738	田宮	767	大桑	796	大倉
710	宮島	739	土橋	768	河西	797	北澤
711	大津	740	鶴見	769	川原崎	798	小見山
712	菊間	741	仲野	770	四條	799	椿
713	立石	742	矢野	771	立川	800	福岡
714	多田	743	本杉	772	竹川	801	孕石
715	石渡	744	三津山	773	筒井	802	大須賀
716	細谷	745	浅沼	774	長津	803	榛村
717	古谷	746	榊	775	松林	804	田内
718	井澤	747	滝戸	776	伊倉	805	杉森
719	小畑	748	高杉	777	菊川	806	都築
720	小田巻	749	福興	778	小坂	807	平林
721	草ヶ谷	750	中安	779	山岡	808	氏原
722	平口	751	那須田	780	森上	809	小関
723	糠谷	752	大西	781	益田	810	小田木
724	糠田	753	丸尾	782	堀尾	811	市野
725	本田	754	大山	783	朝原	812	諸星

県内姓氏ランキング一覧

(順位)	(姓氏)	(順位)	(姓氏)	(順位)	(姓氏)	(順位)	(姓氏)
581	鎌田	610	古山	639	根本	668	澤入
582	榑林	611	鶴田	640	丹羽	669	長坂
583	高梨	612	岩井	641	中根	670	安井
584	広田	613	岸山	642	矢崎	671	森山
585	小原	614	時田	643	秋田	672	上村
586	石黒	615	藤巻	644	岸	673	依田
587	羽切	616	波多野	645	河島	674	向笠
588	矢田	617	相川	646	金井	675	宮内
589	宮城	618	小木	647	白柳	676	三須
590	池野	619	大塩	648	竹澤	677	三上
591	奥田	620	片井	649	出口	678	間宮
592	相磯	621	深田	650	広岡	679	井熊
593	伊久美	622	畑	651	木俣	680	窪野
594	井原	623	野木	652	藤野	681	高部
595	須山	624	川井	653	半田	682	関口
596	滝澤	625	竹原	654	乗松	683	津田
597	古牧	626	伊奈	655	岡	684	花田
598	一杉	627	河口	656	近田	685	中井
599	大岳	628	梶	657	三室	686	浅原
600	北原	629	小宮山	658	三宅	687	坂井
601	熊切	630	小早川	659	青柳	688	黒川
602	原崎	631	古澤	660	白石	689	薩川
603	宮地	632	花井	661	下田	690	坂倉
604	芝田	633	相澤	662	坂部	691	竹中
605	広野	634	安達	663	浜野	692	角皆
606	山地	635	山岸	664	成島	693	保坂
607	大池	636	堀川	665	相羽	694	藤波
608	荻野	637	神戸	666	稲村	695	吉原
609	宮代	638	鷺坂	667	一木	696	尾上

(順位)	(姓氏)	(順位)	(姓氏)	(順位)	(姓氏)	(順位)	(姓氏)
465	杉澤	494	諏訪部	523	飯島	552	見崎
466	米澤	495	榎本	524	刑部	553	柴山
467	稲木	496	北條	525	橋ヶ谷	554	藤村
468	塩谷	497	水島	526	菅原	555	有賀
469	石津	498	進士	527	伴野	556	大多和
470	宮川	499	栗原	528	森野	557	匂坂
471	三田	500	深津	529	片桐	558	谷
472	島	501	内海	530	杉崎	559	滝田
473	須藤	502	島津	531	若杉	560	徳田
474	土井	503	剣持	532	長野	561	村瀬
475	横井	504	黒柳	533	井川	562	大隅
476	木部	505	野島	534	園田	563	金森
477	岩堀	506	油井	535	岩辺	564	勝見
478	大長	507	芦澤	536	竹島	565	富岡
479	相馬	508	大森	537	上杉	566	古郡
480	南條	509	平尾	538	細田	567	滝井
481	松岡	510	川上	539	三好	568	瀬川
482	勝俣	511	関野	540	永島	569	内村
483	西田	512	平澤	541	大坪	570	成瀬
484	佐塚	513	原口	542	新間	571	江川
485	豊島	514	前川	543	鳥澤	572	甲賀
486	西原	515	小楠	544	原木	573	滝浪
487	成田	516	小粥	545	名波	574	平出
488	坂口	517	浅賀	546	木野	575	奥村
489	若月	518	金刺	547	森島	576	藤澤
490	藤本	519	花島	548	県	577	相原
491	蒔田	520	中津川	549	二橋	578	根木
492	伊熊	521	滝本	550	山川	579	平川
493	荒井	522	長谷	551	森本	580	持田

（順位）	（姓氏）	（順位）	（姓氏）	（順位）	（姓氏）	（順位）	（姓氏）
349	馬淵	378	小柳津	407	三枝	436	岡崎
350	永野	379	湯山	408	宮下	437	兼子
351	辻村	380	勝山	409	疋田	438	澤木
352	岡野	381	原川	410	成岡	439	川端
353	塩野	382	野崎	411	荒川	440	片瀬
354	河野	383	西野	412	樋口	441	倉田
355	堤	384	石山	413	朝日奈	442	渡部
356	藪崎	385	村山	414	間淵	443	大林
357	吉村	386	北島	415	梶山	444	渡瀬
358	朝比奈	387	町田	416	本間	445	興津
359	大谷	388	飯尾	417	柳沢	446	須田
360	庄司	389	馬場	418	真田	447	竹山
361	浜田	390	竹村	419	松尾	448	横田
362	亀山	391	佐原	420	久保	449	高須
363	神田	392	岩瀬	421	谷口	450	澤野
364	梅田	393	池上	422	西ヶ谷	451	坂下
365	堀田	394	和久田	423	大沼	452	久保山
366	仁科	395	上野	424	河原崎	453	宮原
367	渡井	396	石塚	425	三井	454	宮田
368	田畑	397	瀬戸	426	熊谷	455	犬塚
369	高村	398	長橋	427	露木	456	手塚
370	神尾	399	勝呂	428	吉岡	457	古田
371	金澤	400	久米	429	柴	458	浅倉
372	笠井	401	片平	430	仁藤	459	吉澤
373	安田	402	大杉	431	中谷	460	渋谷
374	矢部	403	仲田	432	大高	461	細川
375	奥山	404	浅田	433	見城	462	萩田
376	法月	405	狩野	434	花村	463	村井
377	児玉	406	窪田	435	吉永	464	久野

(順位)	(姓氏)	(順位)	(姓氏)	(順位)	(姓氏)	(順位)	(姓氏)
233	廣瀬	262	堀池	291	岡部	320	鍋田
234	古屋	263	村越	292	田口	321	本多
235	石野	264	小笠原	293	中西	322	片岡
236	新井	265	志村	294	宮澤	323	外山
237	小田	266	戸田	295	吉野	324	志田
238	上田	267	山中	296	安川	325	金田
239	三輪	268	高島	297	森川	326	水谷
240	青野	269	石垣	298	赤池	327	笹原
241	安間	270	村木	299	大城	328	木内
242	野末	271	竹田	300	塩川	329	松原
243	宇佐美	272	島田	301	溝口	330	浦田
244	今井	273	櫻田	302	荒木	331	江間
245	大滝	274	小出	303	平山	332	勝間田
246	西山	275	大竹	304	平岡	333	西澤
247	紅林	276	芦川	305	中澤	334	坂田
248	増井	277	平松	306	加茂	335	守屋
249	杉田	278	小栗	307	堀井	336	富永
250	高塚	279	夏目	308	大井	337	築地
251	野口	280	石神	309	堀江	338	多々良
252	清	281	澤田	310	良知	339	五十嵐
253	工藤	282	小長井	311	小柳	340	古川
254	石橋	283	星野	312	金指	341	柏木
255	野澤	284	滝口	313	千葉	342	鷲巣
256	篠原	285	辻	314	風間	343	藤森
257	小長谷	286	大久保	315	松野	344	宮城島
258	豊田	287	萩野	316	上原	345	外岡
259	長倉	288	武藤	317	小倉	346	松山
260	福井	289	高井	318	寺尾	347	下山
261	田島	290	浅野	319	笠原	348	大原

県内姓氏ランキング一覧

(順位)	(姓氏)	(順位)	(姓氏)	(順位)	(姓氏)	(順位)	(姓氏)
117	落合	146	稲垣	175	川合	204	安藤
118	飯塚	147	川村	176	武田	205	山村
119	村田	148	小野田	177	吉川	206	日吉
120	赤堀	149	岩本	178	勝亦	207	福島
121	梅原	150	榊原	179	漆畑	208	中田
122	金子	151	西村	180	小山	209	足立
123	永井	152	滝	181	白鳥	210	尾崎
124	岩田	153	大庭	182	丸山	211	北村
125	中川	154	白井	183	井口	212	高山
126	小泉	155	坂本	184	高柳	213	室伏
127	服部	156	堀内	185	福田	214	今村
128	山梨	157	池ヶ谷	186	大木	215	北川
129	曽根	158	平井	187	河村	216	阿部
130	金原	159	小松	188	米山	217	鳥居
131	松田	160	片山	189	小島	218	菊池
132	富田	161	高野	190	大澤	219	平田
133	藤原	162	岡村	191	菅沼	220	川崎
134	長田	163	田邊	192	大畑	221	西川
135	石原	164	田代	193	浅井	222	早川
136	木下	165	大野	194	黒田	223	青山
137	大場	166	関	195	野村	224	水口
138	桑原	167	影山	196	榛葉	225	真野
139	杉村	168	野中	197	松村	226	西島
140	伊東	169	松島	198	牧田	227	古橋
141	磯部	170	宮本	199	名倉	228	臼井
142	長澤	171	小杉	200	内野	229	西尾
143	植田	172	高林	201	新村	230	若林
144	菊地	173	竹下	202	坪井	231	藁科
145	前島	174	石上	203	堀	232	大島

県内姓氏ランキング一覧表（1500位）

(順位)	(姓氏)	(順位)	(姓氏)	(順位)	(姓氏)	(順位)	(姓氏)
1	鈴木	30	山崎	59	原田	88	林
2	渡邊	31	清水	60	大橋	89	井上
3	望月	32	森	61	石井	90	森下
4	杉山	33	小澤	62	中野	91	大川
5	山本	34	山口	63	櫻井	92	中島
6	佐藤	35	藤田	64	大村	93	牧野
7	伊藤	36	長谷川	65	岡本	94	小野
8	山田	37	池田	66	前田	95	小池
9	加藤	38	松下	67	石田	96	岡田
10	中村	39	稲葉	68	天野	97	佐々木
11	大石	40	八木	69	飯田	98	酒井
12	佐野	41	秋山	70	萩原	99	神谷
13	高橋	42	久保田	71	高木	100	竹内
14	斎藤	43	海野	72	池谷	101	渥美
15	小林	44	岩崎	73	水野	102	永田
16	増田	45	勝又	74	栗田	103	植松
17	田中	46	松浦	75	原	104	川島
18	石川	47	寺田	76	横山	105	三浦
19	土屋	48	深澤	77	松井	106	田村
20	村松	49	平野	78	橋本	107	藤井
21	遠藤	50	川口	79	芹澤	108	長島
22	太田	51	小川	80	大塚	109	戸塚
23	松本	52	木村	81	和田	110	山内
24	山下	53	内山	82	高田	111	村上
25	杉本	54	近藤	83	袴田	112	森田
26	後藤	55	柴田	84	中山	113	野田
27	吉田	56	内田	85	杉浦	114	宮崎
28	青木	57	青島	86	河合	115	井出
29	市川	58	松永	87	内藤	116	塚本

【主な参考文献及び資料】

姓氏家系大辞典（上中下）太田亮　角川書店
姓氏家系辞書　太田亮　人物往来社
群書系図部集（1—7）　続群書類従完成会
尊卑分脈（国史大系1—4）　吉川弘文館
断家譜（1—3）　続群書類従完成会
系図綱要　人物往来社
寛政重脩諸家譜（1—36）　続群書類従完成会
近世防長諸家系綜覧　防長新聞社
三州諸家史（氏の研究）　三州郷土史研究会
改訂甲陽軍艦　新人物往来社
吾妻鏡、平家物語、源平盛衰記
続群書類従　同刊行会
吾妻鏡の人々　新人物往来社
北條九代記（上中下）　教育社
小田原北條記（上下）　教育社
東海道人物志　栗林鬼卯
東海道名所記　平凡社
世界大百科辞典　平凡社
物語藩史（東海地方の諸藩）　新人物往来社
戦国大名家臣団事典　新人物往来社
戦国人名辞典　高柳寿他　吉川弘文館

日本戦史（桶狭間役）　村田書店
小田原衆所領役帳　杉山博　近藤出版社
家康伝　中村孝也　講談社
静岡県人物志　静岡県　臨川書店
静岡大百科事典　静岡新聞社
静岡県史（1—3）静岡県史料（1—5）　静岡県
静岡県の歴史　若林淳之　山川出版社
静岡県の歴史散歩　山川出版社
静岡県神社志　世界聖典刊行協会
静岡県の史話（上下）　静岡新聞社
静岡県の医史と医家伝　土屋重朗　戸田書店
静岡、浜松、沼津などの全市史（誌）
榛原、浜名、安倍、駿東などの各郡史（誌）
佐久間、長泉、袖師、芝川などの各町史（誌）
長田、松野、静浦などの各村史（誌）
ふるさと百話（全巻）　静岡新聞社
歴史読本（43—62年の各号）　新人物往来社
歴史と旅（50—62年の各号）　秋田書店
家系系図の入門　太田亮　新人物往来社
姓氏　丹羽基二　秋田書店
日本の苗字　渡辺三男　毎日新聞社
日本の名字五千傑　佐久間英　谷川商事

珍姓奇名　佐久間英　早川書店
難読奇姓辞典　篠崎晃雄　日本加除出版
地名、苗字の起源　鈴木武樹　産報
上州の苗字と家紋　上毛新聞社
和妙類聚抄（郡郷里駅名考証）　吉川弘文館
日本地名語源辞典　新人物往来社
角川地名大辞典（各都道府県）　角川書店
日本の歴史（別巻）年表、地図　中央公論社
最新日本歴史年表　大森金五郎（昭和16年版）　三省堂
国史研究要覧　歴史図書社
神奈川、愛知、三重、山梨、岐阜県の郡町村史（誌）
甲斐国志（3巻）　第一書房
南豆風土記　賀茂郡役所
伊豆志稿（増訂）秋山章他　長倉書店
豆州内浦漁民史料の研究　祝宮静　隣人社
史話と伝説（伊豆箱根篇）　松尾書店
ペテルブルグからの黒船　戸田村観光協会
駿河志料（1—4）　歴史図書社
駿国雑志　阿部正信
駿河記　桑原藤泰
修訂駿河国新風土記（上下）　国書刊行会
東駿地誌　駿東地区教育会
駿河の古文書　谷島屋
静岡県郷土史研究　国書刊行会
島田郷土史　歴史図書社
沼津本町資料、沼津役人附、沼津小誌　駿河図書館
史話と伝説（富士山麓、中部篇）　松尾書店
浮島ヶ原開拓史　河川水害防堤研究所
遠江国風土記伝　内山真龍　歴史図書社
掛川誌稿　名著出版社
東海道見付宿　磐田市
高天神の跡を尋ねて、遠州横須賀城史　典昭社
遠江（会誌）　浜松史跡調査顕彰会
紀伊諸氏系図　白浜新宮文化センター
山梨名家録　同刊行会
水戸徳川家臣録　小林徳司
村上一族の系譜　村上清
遠州幡鎌氏とその一族（2冊）　幡鎌芳明
富士石川氏史　龍胆会
駿河の今川氏（3冊）　静岡谷島屋
土屋氏族の系譜　土屋政一
誤字俗字一覧表　法務省民事局
苗字百科・家紋百科　丹羽基二　近藤出版社

渡邉　三義（わたなべ・みつよし）
1928年（昭和３）沼津市に生まれる。日大理工学部卒。静岡県技術士協会会長、静岡県環境保全協会副会長を歴任、現在東名綜合コンサルタント所長、（技術士、経営士、社会保険労務士）。発明協会会長賞及び静岡県知事発明賞等受賞。日本氏族連絡協議会評議員。著書「静岡県名字の話」、「名字にみる静岡県民のルーツ研究」（以上静岡新聞社）、「静岡県姓氏家系大辞典」（共著）ほか多数。
住所　〒410-0813　沼津市上香貫二瀬川町1486-5

静岡県　名字の由来

静新新書　003

2006年６月20日初版発行
2010年６月18日初版３刷発行

著　者／渡邉　三義
発行者／松井　純
発行所／静岡新聞社
〒422-8033　静岡市駿河区登呂3-1-1
電話　054-284-1666

印刷・製本　図書印刷
・定価はカバーに表示してあります
・落丁本、乱丁本はお取替えいたします

ISBN4-7838-0325-0 C1239